VIVENDO A MATURIDADE EM GESTÃO DE ATIVOS

VIVENDO A MATURIDADE EM GESTÃO DE ATIVOS
John Hardwick, Martin Kerr, Michael Killeen, Peter Kohler, João Lafraia e Sally Nugent.
Editores: Deryk Anderson, Michael Killeen e Sally Nugent.

Publicações Relacionadas
Hardwick, J. e Lafraia, J., *Vivendo a Gestão de Ativos*
Qualitymark Editora (17 de novembro de 2015)
Copyright
© John Hardwick, Martin Kerr, Michael Killeen, Peter Kohler, João Lafraia, Sally Nugent e Living Asset Management Think Tank, 2021

Publicado pela Living Asset Management Inc.
www.livingassetmanagement.com.au
Produzido por AM Think Tank

Dados Internacionais de Catalogação na Publicação (CIP)

(Câmara Brasileira do Livro, SP, Brasil)

Lafraia, João
    Vivendo a maturidade em gestão de ativos / João Lafraia; tradução Bernardo Kallina. -- São Paulo : Ed. do Autor, 2022.

    Título original: Living maturity in asset management

    ISBN 978-65-00-48454-0

    1. Administração 2. Gestão de riscos I. Título.

22-117312   CDD-658.47

Índices para catálogo sistemático:

1. Gestão de riscos : Administração 658.47
Aline Graziele Benitez - Bibliotecária - CRB-1/3129

EDITOR-CHEFE: João Ricardo Lafraia

presto
PRODUÇÃO & COMUNICAÇÃO

Produção editorial: PRESTO | Catia Soderi

Tradução:	Bernardo Kallina
Copidesque:	Catia Soderi
Revisão:	Elaine Batista
Capa:	Joyce Matos
Diagramação:	Catia Soderi
Produção de ebook:	Catia Soderi
Assistentes editoriais:	Rafael Soderi
	Tiffany Guimarães

VIVENDO A MATURIDADE EM GESTÃO DE ATIVOS

JOÃO LAFRAIA

Tradução
BERNARDO KALLINA

RIO DE JANEIRO
2022

SOBRE
OS AUTORES

John Hardwick

CFAM (*Certified Fellow in Asset Management*), GAICD (*Graduate of the Australian Institute of Company Directors*).

Possui ampla experiência em Gestão Executiva e em Conselhos de Administração e um histórico de 30 anos em Gestão de Ativos nas indústrias de eletricidade e transporte. Líder apaixonado pelas melhorias organizacionais em Gestão de Ativos e de riscos operacionais, tendo implementado estratégias de renome mundial para a Gestão de Ativos, além de estratégias e sistemas eficazes para gerenciar riscos e agregar valor para clientes e comunidades. John é coautor do livro *Living Asset Management* (*Vivendo a Gestão de Ativos,* em português) https://youtu.be/TnLlVkP0UAY.

John busca fazer a diferença e explorar novas maneiras de resolver problemas esquisitos.

Além disso, é o ex-presidente de várias organizações sem fins lucrativos, como a *World Partners in Asset Management* (WPiAM), o *Global Forum on Maintenance and Asset Management* (GFMAM) e o Conselho de Gestão de Ativos da Australia (Asset Management Council — AMCouncil).

Martin Kerr

CFAM (*Certified Fellow in Asset Management*), CPPD.

Martin começou sua carreira como operador de máquinas operatrizes antes de passar para o campo da robótica, automação e manutenção. Foi durante essa época (início dos anos 1990) que Martin teve sua primeira atribuição na Gestão de Ativos para mudar a forma pela qual a manutenção era abordada em uma empresa de manufatura (embora ele não soubesse, na época, que se tratava de uma 'Gestão de Ativos').

Anos depois, Martin formou uma empresa de software onde desenvolveu um aplicativo para FMEA/FMECA – *Failure Mode and Effects Analysis/ Failure Mode, Effects, and Criticality Analysis* para oferecer suporte a MCC – Manutenção Centrada em Confiabilidade e a MRA – *Maintenance Reserve Account*. Martin passou a década seguinte entregando grandes projetos de mudança (ERP/EAM/OCM) em todo o mundo, incluindo Índia, Reino Unido, Europa, América do Sul e Malásia.

Por meio do seu envolvimento com o AMCouncil e a Equipe AMBoK – *Asset Management Body of Knowledge*, ele foi selecionado para representar os membros do AMCouncil no comitê técnico TC251 (ISO55000). Martin também é o gerente técnico do exame CAMA — em português, Avaliador de Gestão de Ativos Certificado —, do WPiAM. Em 2015, criou a *Structured Change*, onde dá seguimento à sua paixão pela liderança de mudanças na Gestão de Ativos.

Michael Killeen

B.E. (Mech) (Hons), M.E. (Elec) (Hons), CFAM (*Certified Fellow in Asset Management*), Certificado de Graduação em Gestão de Manutenção, praticante de RCMII (*Reliability Centered Maintenance II*).

Suas qualificações em Engenharia e Gestão de Ativos são consolidadas pelos mais de 30 anos de experiência na Gestão de Ativos. Seus conhecimentos foram desenvolvidos ao trabalhar em conjunto com uma série de empresas líderes de primeira linha e organizações de consultoria de alto nível. Participou de projetos que envolvem contratações, cadeias de abastecimento e TIC – Tecnologias de Informação e Comunicação.

Além de sua experiência na liderança de grandes equipes interdisciplinares, Michael tem sido responsável por bases de ativos de mais de 25 bilhões de dólares, e liderou com sucesso a entrega de vários projetos corporativos de destaque em setores que vão desde a manufatura e a mineração até a aviação comercial e as ferrovias. Sua extensa experiência na indústria inclui funções como diretor de projetos no maior reparo de aeronaves comerciais já realizado, assim como importantes implementações nos sistemas de Gestão de Ativos empresariais. Michael também esteve envolvido no desenvolvimento de uma variedade de modelos de Gestão de Ativos e de ferramentas de avaliação por meio do seu envolvimento no AMCouncil.

PETER KOHLER

B.E. (Mech), CFAM (*Certified Fellow in Asset Management*)

Peter tem um grande apreço pela função estratégica proporcionada pela disciplina de Gestão de Ativos. Isso é evidenciado por um forte entendimento dos padrões financeiros e técnicos de suporte e pelos conjuntos de ferramentas utilizados para fornecer uma Gestão de Ativos.

É engenheiro mecânico e passou 26 anos na Marinha Real Australiana (RAN). Durante todo esse tempo, defendeu a disciplina da Gestão de Ativos. Em conjunto com outras pessoas, Peter fez campanha a favor da instituição do AMCouncil, realizada em 2005. Ele se tornou, então, o primeiro Comissário AMBoK — *Asset Management Body of Knowledge* — do AMCouncil e, junto à Equipe AMBoK, estabeleceu os modelos básicos que seriam utilizados pelo Conselho. Peter esteve envolvido com o ISO TC251 — comitê ISO que desenvolveu o conjunto de padrões ISO 55000 para a Gestão de Ativos — e é, atualmente, membro do IEC TC 56 *Dependability* — comitê que desenvolve muitos dos padrões que suportam a aplicação da Gestão de Ativos.

Em 1996, fundou a *Capability Partners,* consultoria de Gestão de Ativos que continua até hoje. Em 2014, cofundou o *The Asset*

Management College, com o objetivo de fornecer aprendizagem e educação relacionadas à Gestão de Ativos.

João **R B** Lafraia

MSc, MBA, CFAM (*Certified Fellow in Asset Management*).

João Ricardo B. Lafraia é mestre em Ciências (MSc) pelo *Cranfield Institute of Technology*, na Inglaterra, e MBA pela Pontifícia Universidade Católica — PUC, do estado do Paraná. Lecionou na graduação e na pós-graduação da Universidade Federal do Paraná e da FGV Rio sobre Controle de Qualidade, Confiabilidade e Organização. É autor e coautor dos livros *Manual de Confiabilidade, Disponibilidade e Manutenção e Gestão de Estratégia e confiabilidade, Criando o Hábito da Excelência, Vivendo a Gestão de Ativos* e de diversos artigos e palestras sobre Liderança para Segurança, Saúde e Ambiente.

Lafraia já atuou como gerente-geral em cinco refinarias pelo Brasil; implantou e liderou a gerência-geral de Eficiência Operacional para todas as refinarias na sede da Petrobras, no Rio de Janeiro. Foi diretor-executivo da FCC S.A. – Fábrica Carioca de Catalisadores. Além disso, atuou como membro do conselho para quatro empresas do setor químico. Também ocupou o cargo de gerente-geral da Unidade de Operações de Produção e Exploração da Bacia de Santos. Foi presidente da Abraman – Associação Brasileira de Manutenção e Gestão de Ativos e do seu Conselho Deliberativo.

Sally Nugent

B.E. (Matls), GAICD (*Graduate of the Australian Institute of Company Directors*).

Com uma carreira que se estende por mais de quatro décadas, Sally Nugent possui ampla experiência em preparar e construir equipes e organizações para entregar resultados as principais partes interessadas.

Suas habilidades-chave para alcançar tais resultados incluem formação de equipes, gestão de finanças, gestão das partes interessadas, planejamento estratégico e gestão de risco. Tem paixão por 'fazer a diferença' e apoiar organizações para que prosperem e agreguem valor. Seus principais valores incluem responsabilidade, tolerância, trabalho em equipe e integridade. É Engenheira de Materiais qualificada com vasta experiência em pesquisas com corrosão e extrusão pela Comalco, atual Rio Tinto Aluminium. Ajudou a estabelecer o *Corrosion Prevention Centre* durante a década de 1990, o AMCouncil durante os anos 2000, e o programa de certificação global CAMA — *Certified Asset Management Assessor* (Avaliador de Gestão de Ativos Certificado, em português).

AGRADECIMENTOS

Agradecemos a Sharon Lierse por sua orientação e edição; a Kristen Watts e Alison Court (CPA, CFAM) por seus comentários e recomendações; a Benjamin Hayden, David Stalker e Clinton Windsor, por suas contribuições para os estudos de caso; e, por fim, às nossas famílias, pelo apoio e incentivo contínuos.

Os autores

Como editor-chefe da edição em português desta obra, gostaria de agradecer a Fernando Celso Bonatti por seus comentários e recomendações.

João Ricardo B. Lafraia

PREFÁCIO

Tendo pensado sobre e aplicado a disciplina de Gestão de Ativos por algumas décadas, fiquei muito feliz em conhecer os autores deste livro enquanto era membro do AMCouncil — *Asset Management Council* (Austrália) —, representando a SAP e sua linha de negócios em Gestão de Ativos.

A publicação da ISO 55000, em 2014, representou uma mudança fundamental no pensamento sobre a Gestão de Ativos, incluindo sua aplicação não apenas aos ativos físicos — tangíveis —, mas também aos intangíveis. Os conceitos apresentados pela norma ISO, entretanto, não detalharam como as pessoas, suas atitudes e, consequentemente, suas lideranças, bem como uma cultura de trabalho favorável, podem e, de fato, influenciam o sistema de Gestão de Ativos, e especificamente como a maturidade de um sistema como esse pode ser avaliada e melhorada, para assegurar ainda mais valor às partes interessadas.

Na mesma medida em que "Gerenciar ativos" e *"Asset Management"* ("Gestão de Ativos") não são a mesma coisa, a "Gestão" não equivale à "Liderança". Desenvolver líderes na Gestão de Ativos dentro de organizações que visem criar seguidores para o seu conjunto de princípios e estabelecer comportamentos que promovam os Quatro Fundamentos de Gestão de Ativos é o foco significativo deste livro. Com o acréscimo da "Adaptabilidade", os autores estabelecem um quinto Fundamento, que descreve a maturidade na Gestão de Ativos como uma capacidade de mudança, à luz das próprias mudanças no ecossistema que envolve qualquer negócio.

Este livro é um avanço lógico e consequente do primeiro livro publicado pelos autores — *Vivendo a Gestão de Ativos* —, realçando uma perspectiva humana da Gestão de Ativos, de tal forma a aplicar a jornada de uma organização viva como uma metáfora. Ele elabora e aprofunda certos conceitos para avaliar a maturidade da Gestão de Ativos, incluindo alguns exemplos práticos e estudos de caso.

Do meu ponto de vista, os autores apresentam o elo que faltava entre compreensão técnica da Gestão de Ativos e teoria da liderança, através da inclusão das ciências comportamentais.

Recomendo *Vivendo a Maturidade em Gestão de Ativos* para qualquer pessoa que deseje não só identificar como tornar ainda maior o valor que a Gestão de Ativos oferece.

Dr. Achim Krüger

Presidente para Europa, Médio Oriente e África (EMEA)

Gestão de Ativos Empresariais da Rizing

Frankfurt, Alemanha, 2020.

APRESENTAÇÃO

Fiquei muito satisfeito com a oportunidade de editar *Vivendo a Maturidade em Gestão de Ativos*. Fui capaz de estudar de perto as ideias e os conceitos aqui apresentados. Como seu antecessor, *Vivendo a Gestão de Ativos*, este livro aborda o assunto da Gestão de Ativos com um foco que não se encontra na literatura convencional.

Nesta publicação, seis autores reuniram-se com suas diferentes perspectivas e experiências em Gestão de Ativos para criar um tratado coeso sobre a sua maturidade. Unidos por uma mesma noção de que as organizações acabariam por superar a abordagem normativa da Gestão de Ativos, os autores definiram uma estrutura para compreender e aumentar a sua capabilidade.

A noção de "Adaptabilidade" aplicada à Gestão de Ativos, tal como apresentada neste livro, estabelece um quinto Fundamento extremamente convincente para o tema. A abordagem prática fica evidente ao longo do livro, com uma atenção constante direcionada ao valor dos negócios da Gestão de Ativos e um viés pragmático para compreender e aprimorar suas práticas. Os conteúdos relevantes e estudos de caso apresentados ao longo do livro demonstram a aplicabilidade de suas ideias e conceitos às organizações. Tal como em *Vivendo a Gestão de Ativos*, este livro enfatiza o papel que a liderança e a cultura organizacional desempenham no sucesso das iniciativas de melhorias.

Devo admitir que nem todas as ideias e metáforas apresentadas aqui foram fáceis de digerir. Percebi-me relendo conceitos e ideias para consolidar meus pensamentos, bem como para apreciar a variedade de pontos de vista expressa no texto e as minhas próprias opiniões referentes à Gestão de Ativos. Ao me desafiar enquanto leitor, os autores conseguiram transformar o aprendizado em uma experiência muito mais valorosa do que no caso de uma leitura familiar e secular.

Este livro é uma leitura obrigatória para pessoas curiosas a respeito dos próximos estágios de crescimento da Gestão de Ativos e para aquelas que desejam enriquecer seus conhecimentos sobre o tema.

Deryk Anderson Brisbane,

Austrália, 2020.

SUMÁRIO

CAPÍTULO 4. A JORNADA DE UMA ORGANIZAÇÃO EM DIREÇÃO À MATURIDADE EM GESTÃO DE ATIVOS — 103

CAPÍTULO 5. AVALIAÇÃO DA MATURIDADE EM GESTÃO DE ATIVOS — 125

CAPÍTULO 8. MATURIDADE EM GESTÃO DE ATIVOS EM OPERAÇÕES DE AERONAVE DE ALTA CONFIABILIDADE   177

CAPÍTULO 9. UM ESTUDO DE CASO EM MELHORIA DE NEGÓCIOS POR MEIO DA MATURIDADE EM GESTÃO DE ATIVOS   187

ABREVIAÇÕES E SIGLAS

ABRAMAN Associação Brasileira de Manutenção e Gestão de Ativos

AM   *Asset Management* (Gestão de Ativos)

AMM   *Asset Management Maturity* (Maturidade em Gestão de Ativos)

AMP   Plano de Gestão de Ativos

AMS   Sistema de Gestão de Ativos — SGdA

          Plano de Gestão de Ativos

AMC   *Asset Management Council* (Austrália)

CAPEX   *Capital Expenditure* (Despesas de Capital)

CBMGA   Congresso Brasileiro de Manutenção e Gestão de Ativos

CEO   *Chief Executive Officer* (Diretor-executivo)

CT   Teoria da Complexidade — TC

FMECA   *Failure Mode and Effects Analysis/ Failure Mode, Effects, and Criticality Analysis* (Análise de Modo de Falha, Efeito e Criticidade)

GERAM   *Generalised Enterprise Reference Architecture and Methodology* (Arquitetura e Metodologia de Referência Corporativa Generalizada)

GFMAM   *Global Forum on Maintenance and Asset Management* (Fórum Global sobre Manutenção e Gestão de Ativos)

GPS   *Gladstone Power Station* (Usina de Geração Gladstone)

RH   Recursos Humanos

HSE   *Health, Safety and Environment* (Saúde, Segurança e Meio Ambiente — SSMA)

IAM	Instituto de Gestão de Ativos, Reino Unido
ICT	Tecnologia da Informação e Comunicação — TIC
ISO	*International Standards Organization* (Organização de Padrões Internacionais)
KPI	*Key Performance Indicators* (Indicadores-chave de Desempenho)
KRAs	*Key Result Areas* (Áreas-chave de Resultados)
MaPSaF	*Manchester Patient Safety Framework*
MeGA	Prêmio ABRAMAN e FNQ de Melhor em Gestão de Ativos (MeGA)
MRP	*Maintenance Requirement Planning* (Planejamento de Requisitos de Manutenção)
MW	Mega Watt — Unidade de Energia
NQF	*National Quality Foundation* (FNQ — Fundação Nacional da Qualidade)
NRGGOS	*NRG Gladstone Operating Services*
OE	EO — Excelência operacional
O&M	Operações e Manutenção
OEM	Fabricante Original do Equipamento — FOE
OPEX	Despesas Operacionais
PAS55	*UK Publicly Available Specification* (Especificação disponível ao público 55)
RACI	*Responsible, Accountable, Consulted, Informed* (Matriz de Atribuição de Responsabilidades — Responsável por fazer, Autoridade para aprovar, Consultado antes de fazer/aprovar, Informado sobre o fazer/aprovar)
RCM	*Reliability Centered Maintenance* (Manutenção Centrada na Confiabilidade — MCC)
RCMII	*Reliability Centered Maintenance II* (Manutenção Centrada em Confiabilidade II — MCC II)
SAMP	*Strategic Asset Management Plan* (Plano de Gestão de Ativos Estratégicos)
SCMA	*Safety Culture Maturity Assessment* (Avaliação de maturidade da cultura de segurança)
UK	Reino Unido

Adaptabilidade — A qualidade de ser capaz de mudar ativos, sistemas, serviços e comportamentos para conseguir lidar bem com diferentes ambientes e/ou contextos.

Ativo — Um ativo é algo que tem valor real ou potencial para uma organização (ISO 55000, 2014).

Capabilidade — Medida da capacidade e da habilidade de uma entidade, sistema, pessoas ou organização, em atingir os seus objetivos.

Dependente — O segundo estado da Maturidade na Gestão de Ativos.

Fundamentos/Princípios — Ideias-base da Gestão de Ativos, que explicam ou controlam como ele funciona. Na Gestão de Ativos, existem cinco Fundamentos: Valor, Alinhamento, Garantia, Adaptabilidade e Liderança.

Gestão de Ativos — Atividade coordenada de uma organização para obter valor a partir de ativos. A obtenção do valor normalmente envolverá um equilíbrio entre custos, riscos, oportunidades e benefícios de desempenho (ISO 55000, 2014).

Independente — O terceiro estado da Maturidade na Gestão de Ativos.

Instinto — O primeiro estado da Maturidade na Gestão de Ativos.

Interdependente — O quarto estado da Maturidade na Gestão de Ativos.

Landscape do GFMAM — Descreve 39 disciplinas, divididas em 6 grupos de temas, que se destinam a delimitar o escopo completo da Gestão de Ativos.

Maturidade em Gestão de Ativos — A capacidade de uma organização em prever e responder de forma demonstrável ao seu contexto por meio da gestão de seus ativos, ao mesmo tempo em que continua a atender às necessidades variáveis de suas partes interessadas e do próprio ambiente externo.

Modelo de Avaliação da Maturidade em Gestão de Ativos — Ferramenta de avaliação da maturidade da Gestão de Ativos, que permitirá à organização avaliar seu nível de maturidade e a ajudará em sua jornada para a excelência.

Objetivo Organizacional — Objetivo abrangente que define o contexto e a direção para as atividades de uma organização (ISO 55000, 2014).

Objetivos de Gestão de Ativos — Resultados a serem alcançados pela Gestão de Ativos. Tais objetivos são definidos pela própria organização de acordo com os objetivos organizacionais e a política de Gestão de Ativos (ISO 55000, 2014), visando atingir resultados mensuráveis específicos.

PESTLE — Análise Política, Econômica, Social, Tecnológica Legal e Ambiental (Political, Economic, Social Technological Legal and Environmental) do contexto de uma organização.

Planos de Gestão de Ativos — Informações documentadas que especificam as atividades, os recursos e os prazos necessários para um ativo individual ou um agrupamento de ativos atingirem os objetivos de Gestão de Ativos da organização (ISO 55000, 2014).

Sistema — Combinação de elementos em interação organizados para alcançar um propósito declarado (INCOSE, 2007).

Sistema aberto — Um grande sistema complexo e interconectado que é reconhecido e descrito de vários pontos de vista e cujos propósito, objetivo e ambiente mudam com o tempo — mudanças que, por sua vez, são frequentemente imprevisíveis (IEC 62853, 2016).

Sistema de Gestão de Ativos — Um sistema de gestão para a Gestão de Ativos.

Sistema de Gestão Organizacional — Forma pela qual uma organização gerencia as partes interrelacionadas para atingir seus objetivos, que podem estar relacionados a uma série de tópicos diferentes, incluindo a qualidade de produto e serviço, a eficiência operacional, o desempenho ambiental, a saúde e a segurança no local de trabalho, entre outros (ISO, 2021).

Sistema Fechado — Sistema que não permite a transferência de matéria para dentro ou para fora e que não está sujeito a qualquer força resultante exterior a si. Normalmente, um sistema fechado é vinculado e há uma relação bem definida entre as entradas e as saídas.

Wicked Problem (Problemas Esquisitos) — Problemas Esquisitos são aqueles que constituem o foco de muitas partes interessadas; não são facilmente definidos e nem (facilmente) solucionáveis; exigem muita atenção das partes interessadas, devido aos seus interesses conflitantes e crenças divergentes sobre as possíveis causas e soluções para os problemas da gestão de recursos (Kennon, 2011).

APRESENTAÇÃO

Os autores propõem um quinto Fundamento para a Gestão de Ativos denominado Adaptabilidade, para apoiar a noção de Maturidade em Gestão de Ativos. Os benefícios dessa maturidade são explorados, bem como seus estados definidos, por meio de um Modelo de Maturidade Adaptativo.

O Laboratório de Ideias em Gestão de Ativos — *Living Asset Management Think Tank Inc.* — foi formado em 2015 com o objetivo de pensar, ler, discutir e escrever sobre a Gestão de Ativos enquanto ferramenta vital para permitir o bem-estar global e a geração de riquezas.

A Gestão de Ativos é a atividade coordenada de uma organização para obter valor a partir dos ativos (ISO 55000, 2014). A Maturidade na Gestão de Ativos é uma função de liderança e de negócios para melhorar o desempenho de uma forma sustentável. Os componentes técnicos, financeiros e de processos da Gestão de Ativos favorecem a isso. Em outras palavras, essa Maturidade diz respeito aos sistemas de gestão de uma organização e aos comportamentos e crenças de seu pessoal.

Os comportamentos e crenças humanas, por sua vez, têm um efeito profundo na Maturidade da Gestão de Ativos. Liderança, comportamento e cultura constituíram o foco de *Vivendo a Gestão de Ativos* e permanecem, na opinião dos autores, o aspecto menos apreciado da Gestão de Ativos (Hardwick

& Lafraia, 2013). A diferença típica entre uma organização que possui alto desempenho e outra que não encontra-se nas pessoas envolvidas.

Em conjunto, os autores possuem mais de 200 anos de experiência em Gestão de Ativos e gestão de negócios em uma série de indústrias, entre elas manufatura, energia, transporte e mineração.

Desde 2015, os autores e os colaboradores de *Vivendo a Gestão de Ativos* têm discutido e debatido a Maturidade da Gestão de Ativos. As discussões iniciais se baseavam nos conteúdos de *Vivendo a Gestão de Ativos* e, posteriormente, focaram-se em ajudar as organizações a obterem sucesso através da disciplina. As metas para alcançar esses objetivos eram:

1. Compreender e valorizar a fundo os conceitos que sustentam a Maturidade em Gestão de Ativos.

2. Publicar a expertise conjunta, para ser compartilhada e debatida de forma mais ampla — como disse um dos membros da nossa equipe, "publicações são a maneira pela qual você compartilha ideias".

Vivendo a Maturidade em Gestão de Ativos, de 2020, foi construído sobre os alicerces de *Vivendo a Gestão de Ativos* para explorar a maturidade da Gestão de Ativos. O forte viés prático deste livro reflete a experiência empresarial e organizacional dos seus autores. Estudos de caso do mundo inteiro foram utilizados para ilustrar os conceitos, além de demonstrarem como valores podem ser criados, reforçados e mantidos.

A capacidade de implementar a Gestão de Ativos e atingir sua maturidade só aumenta à medida em que a sabedoria pessoal cresce. Todos os autores experimentaram muitos momentos 'aha!', durante as discussões. Por sua vez, a sabedoria pessoal dos próprios autores cresceu através de uma melhor compreensão dos conceitos que são a base para a Maturidade na Gestão de Ativos.

Este livro, *Vivendo a Maturidade em Gestão de Ativos*, de 2021, reflete e dá continuidade a esse crescimento. Os autores se sentiram compelidos a elaborá-lo a partir dos *feedbacks* entusiásticos fornecidos pelos leitores e a esclarecer ainda mais suas ideias.

Os autores esperam que, através desta leitura, os leitores também possam vivenciar seus próprios momentos "aha!". Eles se colocam disponíveis para ouvir a respeito e compartilhar experiências.

CAPÍTULO 1

UTILIZANDO A MATURIDADE EM GESTÃO DE ATIVOS PARA O SUCESSO

A Gestão de Ativos é, antes de mais nada, uma ferramenta para potencializar o valor dos ativos de uma organização. A Maturidade em Gestão de Ativos, por sua vez, aumenta e sustenta esse valor.

Quando as empresas não adotam metodologias inovadoras para detectar e prevenir falhas, acabam se inserindo em um ciclo reativo; falhas, é claro, acontecem, muitas vezes, sem aviso prévio, levando a uma queda em espiral — 'quebra-conserta-quebra-conserta' — que termina em um consumo excessivo de recursos e de talentos. Às vezes, causam acidentes organizacionais que podem trazer grandes prejuízos às organizações. Nesses casos, as organizações começam a perceber que todos os seus membros estão direcionando esforços para o caminho errado — um caminho que só consome recursos e não gera valor.

Ser proativo e previsível é a melhor abordagem possível porque gera confiabilidade, receitas maiores e controle adequado das despesas. Ao adotar a Gestão de Ativos, as empresas possibilitam uma coordenação proativa e preditiva dos resultados de seus ativos. Outro impacto positivo que provém daí é a prevenção de falhas e efeitos indesejados.

Este livro investiga a Maturidade na Gestão de Ativos em três partes, conforme mostrado na Figura 1-1. Após uma recapitulação da Gestão de Ativos, ele passa a definir sua maturidade. Já a segunda parte analisa a experiência de várias organizações na jornada da Gestão de Ativos, e como a sua maturidade pode ser avaliada, além de incluir a revisão de uma série de abordagens atuais. Finalmente, a terceira parte apresenta uma série de estudos de caso provenientes de diversos setores, mostrando onde a Maturidade da Gestão de Ativos foi aplicada.

Figura 1-1: Um roteiro para Vivendo a Maturidade em Gestão de Ativos.

1.1 O 'O QUE'

Como se pode verificar no livro *Vivendo a Gestão de Ativos*, o impacto da Liderança e da Cultura na Maturidade em Gestão de Ativos é significativo. Essa maturidade também reconhece o caráter crítico da relação entre cultura, liderança e comportamento. A principal diferença entre uma organização que consegue obter um alto desempenho e outra que não consegue é a mentalidade do seu pessoal. Compreender a cultura de um país ou de uma empresa é fundamental quando se utiliza Gestão de Ativos. Os tipos de linguagem e de comunicação são explorados a partir de perspectivas estratégicas, táticas e operacionais.

Dois mitos devem ser deixados de lado para que se possa atingir os níveis mais elevados da Maturidade da Gestão de Ativos. O primeiro é que uma metodologia de gestão desenvolvida em um país ou organização funcionará automaticamente em outro(a). Não é assim que funciona. A cultura influencia profundamente na compreensão das práticas de Gestão de Ativos; portanto, tais práticas devem ser adaptadas à cultura local.

O segundo mito é que a cultura de uma organização pode ser alterada rapidamente, simplesmente mudando as pessoas e os métodos de gestão. A cultura da organização é estável. Sua tendência é resistir às mudanças, porque o que irá criá-las é a própria interação entre as pessoas. Depois de um longo período, esses relacionamentos se transformam em cultura e se espalham por todas as áreas da empresa e por todos os seus níveis hierárquicos. A cultura organizacional não é um processo guiado, ela é construída junto com as pessoas.

As diferenças no portfólio de ativos de uma organização devem influenciar as competências e as capacidades requeridas em todos os níveis hierárquicos, desde o CEO até o pessoal da linha de produção, mas os líderes devem perceber, em particular, que as pessoas percebem muito mais o que eles fazem, e quase não se importam com o que eles dizem. Ao contrário das organizações de ativos mais intangíveis, tais como as financeiras ou de marca, os gerentes de ativos tangíveis precisam desenvolver competências diferentes durante os ciclos de vida dos seus ativos. Uma mina ou refinaria, por exemplo, que pode permanecer de 50 a 100 anos no mesmo local, precisa de líderes extremamente competentes para administrá-la a longo prazo, já que se trata de entidade complexa. A Maturidade em Gestão de Ativos também auxilia na determinação das competências para executivos de nível sênior trabalhando em organizações intensivas em ativos.

Essas competências têm impacto direto na maneira como os ativos são projetados, construídos, adquiridos, operados, mantidos, descartados ou renovados. A forma pela qual são gerenciados deve estar alinhada com a cultura da organização, além de considerar a velocidade de comunicação e a qualidade das interações necessárias para acompanhar a natureza e a resposta dos ativos. Assim sendo, as competências e as capacidades devem ser tratadas de acordo com as dinâmicas do portfólio de ativos de cada organização.

Uma cultura colaborativa habilitada pela Maturidade da Gestão de Ativos incentiva a inovação, o desafio e a convergência entre partes interessadas:

- Cada atividade e tarefa de cada plano implementado pela organização é individualmente necessária e coletivamente suficiente para atender às necessidades das partes interessadas.

- O alinhamento e a integração contínuos do sistema de gestão são necessários, incluindo aí pessoas, processos e tecnologias.

- Tanto os indivíduos quanto as organizações se envolvem ativamente na aprendizagem, resultando em um aumento dos níveis de consciência referentes a questões de Gestão de Ativos, todos levando a percepções novas — para os participantes — e transformadoras.

- A organização alcança, continuamente, seus objetivos ou resultados, tanto em questões organizacionais quanto na Gestão de Ativos, como resultado da aplicação do seu sistema de gestão.

- O comportamento é entendido como um fator determinante para o sucesso e é tratado como tal.

Examinaremos como os Fundamentos atuam nos diferentes Elementos Organizacionais (descritos no Capítulo 2.5) e como a inter-relação entre eles impacta no resultado geral, tanto a curto quanto a longo prazo.

A Maturidade na Gestão de Ativos não trata apenas de qualquer grupo dentro de uma organização fazendo o que é certo. Toda a organização deve estar alinhada aos Fundamentos da Gestão de Ativos e deve haver uma compreensão clara de como a Gestão de Ativos se encaixa no contexto organizacional mais amplo.

A filosofia das organizações que alcançam a Excelência Operacional é de que a excelência é parte inextricável do negócio. Ela é visível de todos os ângulos e permeia todos os processos — produtos, especificações e até marketing. A Excelência Operacional no ambiente da organização, assim como a filosofia, a visão e a própria missão, existe porque agrega valor a ela. Para alcançar a Excelência Operacional, a confiabilidade, a segurança e a Gestão de Ativos devem fazer parte do projeto, da construção, da operação, da manutenção e da reposição de todos os ativos. Neste ambiente altamente competitivo, muitas organizações de sucesso chegaram a esse estado. Excelência Operacional significa que a excelência não é apenas uma parte inextricável do negócio, mas que a sua conquista contínua depende da capacidade da organização em identificar e administrar eventos significativos e perturbadores.

A Maturidade na Gestão de Ativos só será definida no capítulo 3, mas a seguinte questão já se apresenta: os quatro fundamentos da Gestão de Ativos, descritos na ISO 55000, são suficientes para formar uma base para compreender e determinar sua Maturidade?

Um quinto Fundamento da Gestão de Ativos, denominado Adaptabilidade, apoia a noção de Maturidade da Gestão de Ativos. Os benefícios dessa maturidade serão explorados, e os seus estados definidos, por meio de um Modelo Adaptativo de Maturidade (discutido no Capítulo 3.7.2). Por fim, um método para avaliá-lo será descrito e detalhado gradualmente através dos estados de maturidade propostos.

1.2 O 'COMO'

Isso destaca outra lição importante. A Maturidade em Gestão de Ativos é uma jornada e, como toda viagem, para se chegar a um destino — neste caso, o estado de Maturidade desejado —, cada estado precisa ser alcançado sequencialmente. Não existem atalhos. A jornada dessa Maturidade será diferente para cada organização, exigindo desafios ao *status quo* e mudanças de paradigma na Gestão de Ativos. Pode ser até que as normas de Gestão de Ativos do conjunto ISO 55000 se tornem restritivas com o tempo.

À medida que uma organização aumenta sua Maturidade na Gestão de Ativos, passando do instinto para a interdependência, ela agrega mais valor. Esse valor pode variar desde a segurança e a confiabilidade aprimoradas até a maior produtividade e a entrega de receita aos acionistas. Vislumbra-se, então, três estados de Maturidade. O primeiro estado é a implementação de fatores de *hardware*, equipamentos, barreiras de proteção e tecnologias construídas para prevenir acidentes e reforçar a confiabilidade. O segundo é a implementação de sistemas de gestão, práticas e procedimentos que atuem sobre fatores humanos, tais como treinamento, qualificação e desenvolvimento de *software*. Já o terceiro é a compreensão do impacto que a cultura tem nas atitudes e nos comportamentos das pessoas e do papel que a liderança desempenha nisso. Esse terceiro estado é considerado essencial; desconsiderá-lo na Gestão de Ativos pode gerar despesas elevadas devido aos enormes custos de aplicação dos outros dois estados.

As características dessa etapa da jornada incluem, tipicamente:

- aumento da clareza e da conscientização da Gestão de Ativos, tanto de uma forma holística quanto por aspectos diferentes;

- mudanças de valores e normas não coletivos para uma ética intrínseca;

- liderança se tornando um processo, em todas as camadas da organização;

- aumento dos níveis de planejamento, verificação e atuação, em comparação com a ação;

- aumento do exercício de 'controle';

- necessidade de reaprender comportamentos e conceitos para crescer juntos na jornada.

No Capítulo 4, essa jornada será discutida em detalhes.

1.3 O 'ONDE'

Finalmente, para demonstrar como cada jornada é diferente e como a Maturidade na Gestão de Ativos se aplica a uma variedade de indústrias, os capítulos 6 ao 10 fornecem uma série de estudos de caso, demonstrando não apenas onde a Maturidade foi aplicada, mas também os seus resultados. Esses estudos de caso demonstram que nem sempre é necessário e nem desejável alcançar o estado mais alto da Maturidade na Gestão de Ativos — a Interdependência.

CAPÍTULO 2

RECAPITULAÇÃO DA GESTÃO DE ATIVOS E DA SUA MATURIDADE

Vivendo a Gestão de Ativos foi um livro catalisador de troca de ideias que acelerou os avanços feitos em Gestão de Ativos e na sua Maturidade. Os autores apresentaram os temas do livro em conferências de Gestão de Ativos em todo o mundo, nas quais muitas pessoas compartilharam suas experiências pessoais e fizeram muitas perguntas.

Os conceitos-chave foram liderança, comportamento, cultura e desenho organizacional e como a compreensão desses conceitos poderia melhorar o desempenho das organizações. Outra área de interesse era como as organizações lidavam com a Gestão de Ativos em seus próprios desenhos organizacionais. A maior parte das discussões e debates em torno do *Vivendo a Gestão de Ativos* centrou-se nos conceitos da Maturidade. Houve uma grande variedade de pontos de vista nas discussões, nos *feedbacks* e nas perguntas. Era nítido que as visões expressas pelos indivíduos haviam se desenvolvido por meio de suas experiências e de seus cargos ocupados. Curiosamente, houve muitos que questionaram se a Maturidade da Gestão de Ativos era, de fato, importante.

A Maturidade em Gestão de Ativos gerava tamanho interesse que foi um dos catalisadores para o Fórum Global de

Manutenção e Gestão de Ativos (GFMAM) criar uma declaração de posição sobre o tema. Trabalhos nessa área também continuam sendo desenvolvidos por pensadores no AMCouncil, na Austrália, e no *Institute of Asset Management* – IAM (Instituto de Gestão de Ativos), com sede no Reino Unido. *Vivendo a Gestão de Ativos* continua estimulando as pessoas a desafiarem o *status quo* e a buscarem mais respostas sobre o que ainda pode ser feito para melhorar o desempenho de sua organização.

Desde sua publicação, os padrões ISO 5500x foram concluídos e a declaração de posição do GFMAM sobre a Maturidade foi emitida. A segunda versão do Cenário de Gestão de Ativos (*Asset Management Landscape version 2*) do GFMAM e o Modelo de Avaliação de Maturidade do AMCouncil (Apêndice B.2) foram lançados.

Assim, *Vivendo a Maturidade em Gestão de Ativos* aproveita as informações atualmente disponíveis e utiliza a experiência dos autores para elaborar e reunir conceitos que podem ajudar os indivíduos encarregados de gerar valor por meio da Maturidade em Gestão de Ativos.

2.1 CULTURA, COMPORTAMENTO, LIDERANÇA E GESTÃO NAS ORGANIZAÇÕES

Mudanças comportamentais são necessárias para se efetivar mudanças culturais. Vejamos. Os reforços positivos e negativos fornecidos pelos líderes, também conhecidos como consequências, podem criar novos comportamentos. Estes, por sua vez, tornam-se antecedentes — ou, para alguns, depois de um tempo, tornam-se hábitos. Quando adotados pela maioria das pessoas, então, esses novos comportamentos que se tornaram hábitos finalmente se transformam em cultura.

Todos dentro de uma organização devem compreender os comportamentos, e também como a liderança pode trazer mudanças comportamentais que influenciarão na cultura organizacional desejada.

O Modelo ABC é amplamente usado como um modelo cognitivo-comportamental simples, tal como mostrado na Figura 2-1 (Geller, 1996). Isso permite uma compreensão dos processos mentais por trás dos comportamentos, entre os quais se encontram a aprendizagem, a resolução de problemas e o raciocínio. Este e outros modelos semelhantes permitem compreender a capacidade individual de cada pessoa e como os seus valores e crenças, suas individualidades e suas espiritualidades definem e influenciam diretamente o seu comportamento. Esses tipos de modelos são amplamente utilizados na análise de organizações, devido a dois fatores: os ativadores, chamados de antecedentes, e as consequências do comportamento; ambos podem ser gerenciados por organizações.

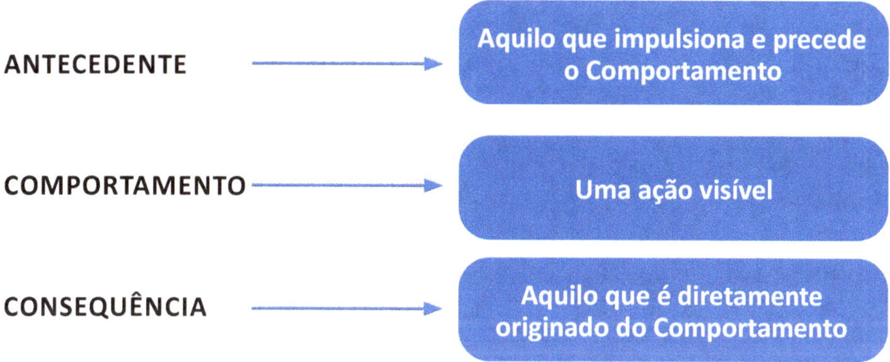

Figura 2-1: Modelo ABC de comportamento (reproduzido de Vivendo a Gestão de Ativos).

"A" significa Antecedente, que se refere a algo que precede e estimula o comportamento. Modelos mentais, antecedentes de influência cultural e, portanto, comportamentos.

"B" significa Comportamento (*Behaviour*, em Inglês), e se refere a qualquer ato ou ação observada por outras pessoas. Os principais comportamentos organizacionais giram em torno da segurança, dos equipamentos e de como as pessoas trabalham juntas.

"C" significa Consequência, que decorre diretamente do Comportamento. As consequências podem ser positivas ou negativas, e como uma organização aplica recompensas ou consequências adversas impactará diretamente nos seus futuros antecedentes e comportamentos.

Entender a cultura como fator estruturante das ações é fundamental. Não existe uma "norma" ou "manual de procedimentos" para a cultura de excelência no local de trabalho; mas sabe-se que é essa cultura que produz a excelência em Gestão de Ativos e na Excelência Operacional. A cultura organizacional serve como um modelo para a tomada de decisões. Ela é sempre dinâmica e o objetivo é identificar e compreender os ciclos individuais e coletivos que a moldam para, em seguida, gerenciar através dela e trabalhar para influenciar as mudanças decorrentes.

A Figura 2-2 apresenta um processo pelo qual os modelos mentais se formam. As emoções levam a sentimentos e sensações que influenciam os pensamentos, que por sua vez formam modelos mentais. Estes, então, levam a comportamentos que se tornam hábitos comuns para a equipe. Esses hábitos, com o tempo, se tornarão cultura que influenciará as emoções junto à liderança e sua equipe de apoio. Este ciclo seguirá indefinidamente, produzindo indivíduos e organizações maduras — ou, então, seguindo o caminho oposto, mantendo organizações imaturas apoiadas por indivíduos imaturos.

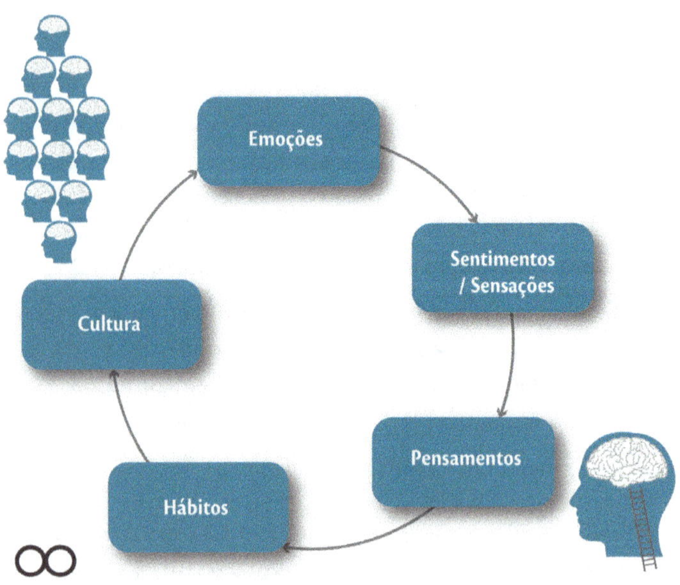

Figura 2-2: O processo de formação dos modelos mentais
(reproduzido de Vivendo a Gestão de Ativos)

A incorporação de valores ou as mudanças de valores são funções de liderança e precisam ser entendidas enquanto processo, e não como uma posição ocupada por um único líder. Para o processo de liderança ser eficaz, é importante que os modelos mentais e os níveis neurológicos dos líderes estejam alinhados. A identidade da liderança deve ser consistente com os valores e as capacidades da organização, gerando um comportamento adequado em um contexto condutivo e coerente, como se pode ver na Figura 2-3.

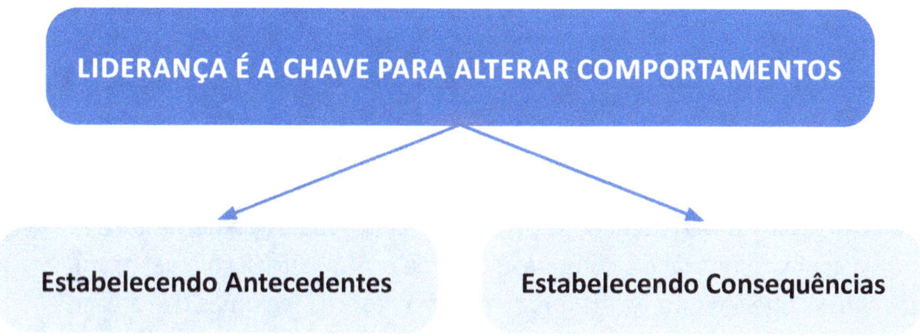

Figura 2-3: O papel da liderança em estabelecer antecedentes e consequências (reproduzido de *Vivendo a Gestão de Ativos*)

Os processos de liderança permitem que o trabalho em equipe se traduza em resultados, potencialmente em nível de excelência. A liderança também se torna processual conforme se torna mais ativa e já não há mais um único líder. Neste caso, os modelos de conduta para todos são guiados pelos valores e crenças da organização, que por sua vez são consistentes com sua cultura e contexto. O trabalho em equipe fica evidente.

A incorporação de valores em uma cultura acompanha estados que devem ser compreendidos. Para cada estado existe um estilo de liderança e gestão que é mais eficiente no que concerne a evolução para o próximo estado. É o mesmo que ocorre com a liderança situacional, que varia de acordo com a maturidade e a capacidade do indivíduo. Ao lidar com a cultura, o estilo de liderança que se encaixa melhor para toda a equipe é aquele que deve ser utilizado, e não aquele que favorece poucos indivíduos. Isso é especialmente verdadeiro ao se lidar com comunicações, exemplos de comportamentos, sistemas de consequências e outras questões de liderança relacionadas com toda a equipe.

A abordagem clássica da teoria da administração se preocupa apenas com a estrutura organizacional e a procura por uma forma ideal de se desenvolver ações específicas para garantir uma produtividade maior: é uma questão estritamente técnica. Na perspectiva clássica, questões não relacionadas à técnica permanecem sem resposta, e isso ocorre porque essa perspectiva não considera o fator humano. Consequentemente, se a

---

AS LIMITAÇÕES DA PERSPECTIVA CLÁSSICA

Apesar da manutenção e da Gestão de Ativos obviamente terem ganhado relevância como resultado da era industrial, só receberam reconhecimento formal efetivo, como práticas legítimas das áreas, com as publicações da indústria de aviação como a *Handbook Maintenance Evaluation And Program Development* (MSG1) e a *Airline/Manufacturer Maintenance Program Planning Document*, mais conhecida como *Maintenance Steering Group 2,* (MSG2), publicadas em 1965 e 1970, respectivamente. Em 1978, concluíu-se que fazer mais manutenção das peças (incluindo aeronaves) não necessariamente as tornavam mais confiáveis (Nowlan & Heap, 1978).

Apesar de melhorias na segurança nas aeronaves, incluindo o progresso na ciência da gestão de manutenção, observou-se em dez anos que as taxas de acidentes fatais por milhões de voos caíram de 2,91 em 1979, para 0,05 em 2018 (Airbus, 2021) — fatores que são predominantemente função da interação humana com a ciência da gestão (erros de manutenção, controle de voo no solo e perda de controle em pleno voo) continuaram a carregar a pecha de serem os maiores contribuintes para acidentes aéreos. De fato, embora companhias aéreas em todo o mundo voassem em aeronaves muito semelhantes, com tripulações treinadas em níveis técnicos semelhantes, o risco de acidentes aéreos em todo o mundo varia mais de 42% (Fleming, 2007).

Gestão de Ativos ficar confinada à abordagem clássica, muitos problemas permanecerão não solucionados, ou pelo menos mal resolvidos. Embora técnica, tecnologia e equipamentos sejam componentes necessários da excelência, o fator humano tem uma influência significativa na Gestão de Ativos. Perguntas referentes a como os fatores humanos interferem em questões de confiabilidade e segurança, ou como influenciam a cultura, não podem ser respondidas a partir da perspectiva clássica.

A análise de programas de Gestão de Ativos em organizações revela, muitas vezes, uma dependência do desenho organizacional tradicional e funcional. Frequentemente vemos que uma das primeiras iniciativas da administração é a criação de um manual de Gestão de Ativos. Esse manual trata de regras, processos, procedimentos e técnicas. Também é usual ver organizações mobilizando departamentos inteiros para cuidar da Gestão de Ativos, e até mesmo da segurança, separadamente. Em geral, os programas de Gestão de Ativos são baseados em outros fatores que incluem executivos e gerentes de Gestão de Ativos, além de reuniões, *slogans*, cartazes, campanhas e programas de incentivo à excelência referentes ao tema.

2.2 BENEFÍCIOS DA MATURIDADE NA GESTÃO DE ATIVOS

A Maturidade da Gestão de Ativos reforça e sustenta os benefícios dos negócios alcançáveis através da Gestão de Ativos. Esses benefícios podem incluir:

- melhor desempenho financeiro — retorno dos investimentos e preservação do valor dos ativos;

- benefícios relativos a comportamentos adequados que melhoram os resultados de segurança;

- decisões de investimento em ativos baseados em fatos e dados;

- riscos controlados;

- serviços e resultados aprimorados;

- responsabilidade social comprovada;

- aplicação comprovada;

- reputação aprimorada;

- melhoria da sustentabilidade organizacional; e

- melhoria da eficiência e da eficácia organizacional.

Outros benefícios da busca pela Maturidade na Gestão de Ativos incluem:

- compreensão significativamente ampliada em relação aos "o que, o porquê e o como" da Gestão de Ativos, por sua vez relacionados ao futuro do ambiente de negócios;

- entendimento sofisticado do valor que a Gestão de Ativos oferece para as diferentes partes interessadas;

- perspectivas diferentes — Usuário, Acionistas, Funcionário, Comunidade — a respeito de como entender e aplicar o termo "equilíbrio desejado entre custos, risco e desempenho" dentro do contexto do negócio;

- valorização ampla do papel e do benefício da Gestão de Ativos quando aplicada a muitas partes interessadas diferentes, tanto a curto como a longo prazo;

- compreensão do progresso contínuo que uma organização procura em relação à eficácia, ao alinhamento e à integração de suas capabilidades, além do valor que trazem para as partes interessadas;

- compreensão do progresso contínuo em que uma organização busca no que diz respeito ao alinhamento de comportamentos e de lideranças; e

- confiança no grau de agilidade que a organização possui com relação à sua "habilidade de mudar" e ao seu "apetite para mudar".

2.3 NORMAS PARA GESTÃO DE ATIVOS ISO 5500X

Diversas vantagens decorrem da implementação de uma norma como a série ISO 5500x. A série de normas 5500x pode ser entendida como um sistema de garantias que fornece uma estrutura para alcançar os resultados do uso de ativos. Se aplicada corretamente, inclui melhorias duradouras na conformidade legal, no desempenho financeiro, na eficiência organizacional, nas decisões de investimento e desinvestimento, bem como na própria gestão de riscos, especialmente se combinados com as técnicas de Gestão de Risco da ISO 31000 e da ISO 31010. Na ISO 55000, a Gestão de Ativos é definida como "conjunto de ações coordenadas de uma organização para gerar valor a partir dos ativos". A geração de valor normalmente envolve um equilíbrio de custos, riscos, oportunidades e benefícios de desempenho.

Um dos objetivos dessa definição é estabelecer os limites da Gestão de Ativos e diferenciá-la de outros processos-chave de gestão. A definição especifica um foco na entrega de uma capabilidade declarada na qual os ativos desempenham um papel fundamental, e a empresa deve gerenciar o ciclo de vida de seus ativos físicos de acordo com a necessidade de negócio. Portanto, a definição diz respeito a considerações de curto, médio e longo prazo.

Um ativo é algo que possui ou agrega valor potencial ou real a uma organização. O valor varia entre diferentes organizações e suas partes interessadas, podendo ser tangível ou intangível, financeiro ou não financeiro. A Gestão de Ativos está relacionada com todos os aspectos da capabilidade de um ativo e sua confiabilidade/sustentabilidade associada, desde a concepção da necessidade de um ativo, passando por toda a sua vida operacional até o seu descarte final.

2.3.1 Fundamentos da Gestão de Ativos, ISO 55000

A ISO 55000 também define que a Gestão de Ativos é baseada em um conjunto de princípios básicos. Se qualquer um desses Fundamentos estiver faltando na Gestão de Ativos, a organização provavelmente observará uma redução no valor fornecido pelos seus ativos. Os Fundamentos devem influenciar diretamente o sistema e o planejamento de Gestão de Ativos da organização. Os quatro fundamentos definidos pela ISO 55000 são: Valor, Alinhamento, Liderança e Garantia, tal como descritos a seguir:

a. **Valor:** Ativos existem para gerar valor à organização, às partes interessadas e à comunidade. A Gestão de Ativos não se concentra no ativo em si, mas no valor que este pode fornecer à organização. O valor, que pode ser tangível ou intangível, financeiro ou não financeiro, será determinado pela organização e pelas partes interessadas, de acordo com os objetivos organizacionais.

Isso inclui:

- declaração explícita de como os objetivos da Gestão de Ativos se alinham com os objetivos organizacionais;

- uso de uma abordagem de gestão do ciclo de vida para gerar valor dos ativos;

- estabelecimento de processos de tomada de decisão e gestão de riscos associados que reflitam a necessidade das partes interessadas e definam valores; e

- estabelecimento de acordos e consensos ao definir processos com partes interessadas como clientes e, é claro, com a comunidade.

b. **Alinhamento:** A Gestão de Ativos traduz os objetivos organizacionais em decisões, planejamentos e atividades técnicas e financeiras. Decisões de Gestão de Ativos — técnicas, financeiras e operacionais — permitem, coletivamente, o cumprimento dos objetivos organizacionais.

Isso inclui:

- implementação de processos de planejamento e tomadas de decisão baseados em riscos, conduzidos por fatos e dados;

- atividades que transformam objetivos organizacionais em planos de Gestão de Ativos;

- integração dos processos de Gestão de Ativos com os processos administrativos funcionais da organização, como finanças, recursos humanos, sistemas de informação, logística e operações;

- especificação, desenho e implementação de um Sistema de Gestão de Ativos; e

- apenas atividades realizadas suficientemente alinhadas aos objetivos da Gestão de Ativos.

c. **Liderança:** Liderança e cultura organizacional são determinantes para a geração de valor. Liderança e comprometimento por parte de todos os níveis gerenciais são essenciais para estabelecer, operar e melhorar a Gestão de Ativos com sucesso dentro da organização.

Isso inclui:

- papéis, responsabilidades e autoridades claramente definidas;

- pessoas conscientes, competentes e empoderadas; e

- consultas com empregados, compromissos com partes interessadas e consenso com a comunidade no que diz respeito à Gestão de Ativos.

d. **Garantia:** A Gestão de Ativos garante que os ativos cumprirão suas finalidades requeridas. A necessidade de garantia surge da demanda de governar efetivamente uma organização. A garantia se aplica aos Ativos, à Gestão de Ativos e ao Sistema de Gestão de Ativos.

Isso inclui:

- desenvolvimento e implementação de processos que conectam os propósitos necessários e o desempenho dos ativos aos objetivos organizacionais;

- implementação de processos para garantir capabilidades em todos os estágios do ciclo de vida;

- implementação de processos de monitoramento e melhoria contínua;

- implementação de processos de acordo com as necessidades priorizadas das partes interessadas, referentes a mudanças ou requisitos relacionados aos objetivos organizacionais e da Gestão de Ativos; e

- fornecimento de recursos necessários e pessoal competente para demonstrar garantia, realizando atividades de Gestão de Ativos e operando o Sistema de Gestão de Ativos.

Mas até que ponto esses Fundamentos são suficientes para garantir que os objetivos organizacionais sejam cumpridos? Seriam esses quatro Fundamentos imutáveis? Seriam eles suficientes para prescrever os requisitos de hoje e de amanhã? Eles descrevem o que é necessário a uma abordagem madura para a Gestão de Ativos? Tais perguntas serão respondidas no Capítulo 3.2, onde se propõe um Fundamento adicional para a Gestão de Ativos.

2.3.2 Sistema de Gestão de Ativos, ISO 55001

A ISO 55001 especifica os requisitos para um Sistema de Gestão de Ativos no contexto da organização e pode ser aplicado a todos os tipos de ativos e por todos os tipos e tamanhos de organizações. Um Sistema de Gestão de Ativos é aplicado para dirigir, coordenar e controlar as atividades da Gestão de Ativos. Ele também garante o cumprimento dos seus objetivos de uma maneira consistente. No entanto, nem todas as atividades de Gestão de Ativos podem ser formalizadas por meio de um Sistema de Gestão de Ativos. Por exemplo, aspectos como liderança, motivação, comportamento e subsequente cultura não são gerenciados através do Sistema de Gestão de Ativos, mas têm influência significativa no cumprimento dos seus objetivos. Os elementos do Sistema de Gestão de Ativos devem ser vistos como um conjunto de ferramentas que inclui políticas, planejamentos, processos e sistemas de informação, todos integrados de modo a permitir a garantia de entrega das atividades de Gestão de Ativos.

2.3.3 Equilíbrio Desejado e de Custo, Riscos e Desempenho, ISO 55000

"Equilíbrio desejado de custo, riscos e desempenho" é um termo utilizado na ISO 55000. Ele fornece um ponto focal descritivo para a compreensão de que qualquer decisão de negócios representa o desejo de produzir um objetivo final ou resultado, e que alcançar esse resultado requer o equilíbrio de vários fatores. Em qualquer análise de cenário, esses fatores normalmente incluem:

- **Risco** — quais são as incertezas de cada cenário e como elas podem se manifestar (ou seja, oportunidades e riscos).

- **Custo** — recursos razoavelmente necessários para entregar:

    i.   O objetivo final ou resultado, junto com

    ii. O nível de controle necessário (desejado).

- **Desempenho** — descrição do estado final procurado para cada cenário.

O Sistema de Gestão de Ativos tem a capabilidade — ferramentas, técnicas, dados, pessoas com competências apropriadas, cultura — para fornecer o nível de controle necessário, associado à realização das necessidades dos negócios, conforme ilustrado na Figura 2-4.

Para atingir o equilíbrio desejado, os registros do Sistema de Gestão de Ativos devem apresentar os resultados das variações de custo, riscos e desempenho de tal maneira que permita aos tomadores de decisão entender as relações entre os três. Por exemplo, para os tomadores de decisão decidirem a respeito do nível apropriado de recursos, o Sistema de Gestão de Ativos pode apresentar em um registro gráfico uma relação entre recursos (custo) e uma incerteza decrescente (risco) para uma certa necessidade do negócio (desempenho). Dessa forma, os tomadores de decisão podem examinar as relações entre custo, riscos e desempenho para qualquer Sistema de Gestão de Ativos, organização e ambiente, além de escolher de maneira consciente a resposta adequada a atender as atuais circunstâncias dos negócios. O equilíbrio desejado de custo, riscos e desempenho pode ser considerado como uma pergunta e uma resposta. Custos, riscos e desempenho, por si só, são as medidas, sintomas e sinais constantes e imediatos; mas como um cenário "bom" se parece?

Figura 2-4: O equilíbrio entre custo, riscos e desempenho.

De um ponto de vista externo, a demanda das partes interessadas para com as organizações pode ser estática ou dinâmica — ciclos curtos para atender às demandas do mercado, por exemplo. O equilíbrio desejado deve vir do conselho de administração ou ser endossado por este, e também pelo executivo-chefe, além de incluir o impacto das mudanças dessas alavancas em relação à saúde e à sustentabilidade da organização em geral.

Separar conscientemente as etapas e as instruções para um "equilíbrio desejado de custo, riscos e desempenho" combina uma filosofia de sistemas abertos (discutida no Apêndice A.2) com a de sistema fechado, voltado para Alinhamento e Garantia. Ambos podem ser independentes um do outro, mas quando conscientemente considerados, uma organização pode gerar uma tensão positiva, que muitas vezes desafia as normas.

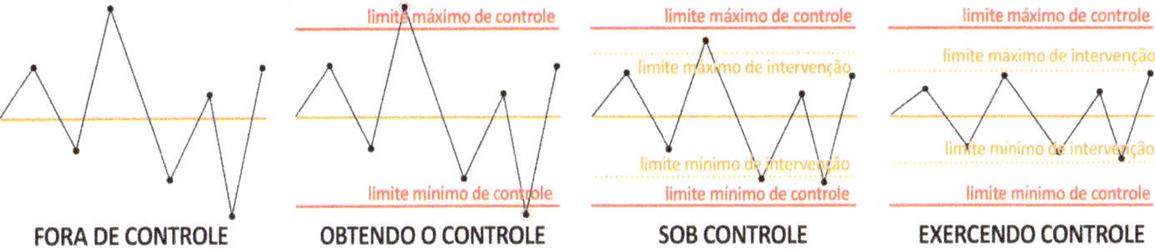

Figura 2-5: O efeito do aumento na maturidade da Gestão de Ativos.

Os diversos estados de controle são alcançados conforme os níveis da Maturidade em Gestão de Ativos crescem e se manifestam através do Sistema de Gestão de Ativos. A Figura 2-5 demonstra como a incerteza se reduz à medida que o Sistema de Gestão de Ativos vai da *falta* de controle para ficar *sob* controle, terminando sob o *exercício* do controle. Essa redução na incerteza fornece o nível adequado de controle sobre a realização das necessidades dos negócios. Exercer o controle garante que os processos de liderança orientem o conselho de administração e os executivos-chefes rumo ao resultado almejado; além disso, diminui o número de líderes individualistas dentro de uma organização, o que por sua vez orienta para um equilíbrio pessoal desejado entre a prudência e uma visão arrojada — ou, em outras palavras, lidar com líderes que podem ter aversão ao risco ou desejos de assumir risco.

O equilíbrio desejado pode ser visto em qualquer das seguintes combinações:

- **Atitude** dos líderes organizacionais para mudar a preferência em qualquer um dos impulsionadores. Será que eles entendem o 'porquê' e o 'como' coletivamente?

- **Apetite** ou motivo para alterar a preferência dos impulsionadores. As decisões são tomadas enquanto líderes de mercado ou meros participantes do mercado?

- **Habilidade** da organização de mudar a preferência pelos impulsionadores. Isso se aplica tanto à capabilidade quanto à capacidade. A habilidade também deve considerar a sustentabilidade do equilíbrio e dos impulsionadores que perdurarão no tempo. Algumas considerações podem se centrar no aumento da capabilidade, no trabalho necessário ou talvez em uma estratégia para fortalecer o conhecimento dentro da organização, como uma consideração de longo prazo.

- **Aceleração** considera todas as características acima e sugere a velocidade em que as mudanças devem ser realizadas a fim de satisfazer o equilíbrio desejado.

Os estudos de caso mostrarão que as organizações podem deixar de estar fora de controle e passarem a exercer o controle. Os executivos não podem se basear no fato de que, se há um sistema de gestão, a organização está segura para o futuro. Deve haver um constante estado de desconforto saudável que, conforme a organização vai se adaptando e alterando o equilíbrio, segue sendo mantido em toda a organização para poder entregar os resultados desejados. O monitoramento contínuo do Alinhamento é fundamental para um sucesso permanente.

A Maturidade na Gestão de Ativos abraça as incertezas para poder entregar a garantia de se estar no exercício do controle.

2.4 ALÉM DA ISO 5500X

Em vez de uma metodologia técnica para gerenciar ativos físicos, uma descrição mais precisa da ISO 5500x para a Gestão de Ativos seria a de um conjunto coordenado de atividades para gerar valor em todos os ativos. Isso inclui ativos intangíveis e humanos, como treinamento, tomada de decisões e liderança. Muitas organizações podem indicar equipes capazes, qualificadas, altamente motivadas e repletas de pessoas bem-intencionadas lidando com várias diretrizes e decisões obrigatórias.

Uma cilada em potencial para essas equipes é trabalhar em estruturas isoladas, para as quais muitos dos aspectos importantes da Gestão de Ativos sistemática podem parecer contraditórios. À medida que o Alinhamento se desvanece e surgem conflitos entre risco e produtividade, é difícil manter as melhorias. Padrões coerentes na Gestão de Ativos e de riscos buscam trazer alguma clareza para essa névoa.

Embora as normas ISO 5500x não cubram as melhores práticas, relativas as áreas de segurança e ao meio ambiente, antecipar e mitigar riscos são dois fatores-chave identificados com uma Gestão de Ativos sustentável e bem-sucedida ao longo da vida. Entendidas em um contexto estratégico mais amplo, as normas da ISO 5500x reforçam a ideia de que as empresas devem adotar uma abordagem sistemática quando se trata da Gestão de Ativos.

Em última análise, a publicação das normas ISO 5500x esclareceu o objetivo mais amplo da Gestão de Ativos, enquanto sistema de gestão focado em gerar valor de um ativo durante toda a sua vida útil. Também esclareceu que a Gestão de Ativos não trata apenas de ativos físicos ou de gerenciamento de ativos. Ela nos informa sobre "o que" deve ser levado em consideração nessas áreas, mas não dá uma orientação a respeito de "como" os fatores humanos precisam mudar conforme uma organização evolui para entregar os resultados desejados.

Isso levou a uma série de questionamentos a respeito de:

1. O que a ISO 5500x não cobre? O que mais precisa existir para nos dar esse conforto?

2. O que a ISO 5500x significa em termos da nossa compreensão dos elementos de uma abordagem madura da Gestão de Ativos? Até que ponto esse algo mais precisa ser feito para trazer tal conforto?

3. Como se parece um cenário "bom"?

4. Liderança.

5. Comportamento.

6. Sistema de Gestão de Ativos adequado à sua finalidade — nem mais, nem menos complicado;

7. Como isso se encaixa com os outros sistemas de gestão da organização, e com entendimento de que o Sistema de Gestão de Ativos é concebido como um "sistema fechado" junto a compreensão das limitações dessa abordagem.

Vivendo a Maturidade em Gestão de Ativos incorpora os conceitos da norma ISO 5500x, do cenário da GFMAM, e se desenvolve sobre os conceitos apresentados inicialmente em *Vivendo a Gestão de Ativos*.

2.5 ELEMENTOS ORGANIZACIONAIS

Em vez de aceitar o *status quo*, *Vivendo a Gestão de Ativos* apresentou uma abordagem que visava trazer uma compreensão mais profunda dos fatores humanos que afetam o desempenho organizacional e o equilíbrio correto entre os resultados do cliente, o foco nos ativos, o Sistema de Gestão de Ativos, governança e controle, e liderança e cultura. No final das contas, isso contribuiu para processos de aprendizagem contínuos e positivos que garantiram a correção de atividades potencialmente insustentáveis.

Uma conclusão importante é que, à medida que os ativos são melhor gerenciados para agregar valor sustentável, o risco total é reduzido. Uma planta confiável é uma planta segura. Enquanto comprovada na prática, a jornada da Gestão de Ativos não é necessariamente linear devido à complexidade dos sistemas envolvidos, visto que um escorregão no desempenho pode ocorrer mais rapidamente do que qualquer tipo de melhoria. No entanto, este modelo mental sintetiza a abordagem sistêmica que *Vivendo a Gestão de Ativos* trouxe, e que observou nas jornadas dos próprios autores.

Em *Vivendo a Gestão de Ativos*, utilizou-se o conceito de Elementos Organizacionais para descrever os diferentes segmentos de uma organização e como cada um deles desempenha seu papel na concretização da Gestão de Ativos e da sua maturidade. Segue um breve esboço dos Elementos Organizacionais.

- **Elemento Estruturante** — impacta tudo aquilo que é executado na Gestão de Ativos, e constituiu o foco de *Vivendo a Gestão de Ativos*. Geralmente, no entanto, é o elemento mais incompreendido. O Elemento Estruturante é responsável por moldar os Elementos Estruturado e de Governança e também a forma como os Ativos dos negócios são vistos. O Elemento Estruturante abarca comportamentos, emoções, interações humanas e interfaces que produzem normas culturais e relações de poder. Para que os processos de tomada de decisão sejam incorporados à organização, todas essas partes constituintes do Elemento Estruturante devem ser coerentes e alinhadas entre si, uma vez que sustentam os valores da organização e de todos os outros Elementos Organizacionais. Em *Vivendo a Gestão de Ativos*, o Elemento Estruturante foi associado ao Fundamento da Liderança e da Cultura na Gestão de Ativos.

- **Elemento de Governança** — responsável por oferecer alguma garantia às partes interessadas de que o Sistema de Gestão de Ativos e a própria Gestão de Ativos dentro da organização permanecerão adequados à finalidade e seguros para uso. A implementação do Sistema de Gestão de Ativos é uma boa base para um programa de auditoria oferecer a garantia do Elemento Estruturado. Em *Vivendo a Gestão de Ativos*, o Elemento de Governança foi associado ao Fundamento Garantia, na Gestão de Ativos.

- **Elemento Estruturado** — engloba o desenvolvimento e a implementação de processos, planos, atividades e tarefas como parte do Sistema de Gestão de Ativos. O Elemento Estruturado permite que uma organização desenvolva uma abordagem integrada para a entrega de objetivos organizacionais através do Elemento de Ativos dos negócios. Em *Vivendo a Gestão de Ativos*, foi associado ao Fundamento Alinhamento.

- **Elemento de Ativos dos negócios** — associado ao Fundamento de Valor em *Vivendo a Gestão de Ativos*, abrange a entrega dos objetivos da organização em relação ao uso de ativos, incluindo ativos físicos.

2.6 QUALIDADES, LENTES, LINGUAGEM E TOMADA DE DECISÃO

A Maturidade em Gestão de Ativos pode ser vista a partir de muitas perspectivas diferentes. São essas diferenças que nos ajudam a compreender o funcionamento complexo de um sistema aberto (consultar Apêndice A.2 para uma discussão sobre sistemas abertos), além de saber quais opções estão disponíveis para fazer intervenções que melhorarão o desempenho de uma organização.

Uma série de qualidades pode ajudar a fornecer uma descrição da natureza essencial dessa Maturidade em toda a organização.

2.6.1 Qualidades de Gestão de Ativos: qualidades que podem ser universais em toda a organização.

Entre elas, estão:

- uso de uma "linguagem comum";

- evidências de um "propósito compartilhado" e de Alinhamento;

- "Abordagem integrada" à Gestão de Ativos tal qual adotada por todas as funções dos negócios; e

- evidências de um forte compromisso com a Gestão de Ativos por parte do pessoal da organização.

2.6.2 Utilizando Lentes

A Gestão de Ativos pode ser vista através de lentes — cada uma oferecendo informações sobre recursos que abrangem todos os quatro Elementos Organizacionais e como eles são alinhados e operam. Exemplos dessas lentes podem incluir:

- aplicação dos princípios de melhoria contínua;

- uso e acesso a dados e informações para apoiar as tomadas de decisão relacionadas à Gestão de Ativos;

- graus em que a Gestão de Ativos se concentra na entrega dos objetivos organizacionais;

- graus em que a Gestão de Ativos se concentra em um equilíbrio demonstrável de custos, riscos e desempenho;

- uso de pessoas competentes, capacitadas, autorizadas e motivadas dentro da Gestão de Ativos.

2.6.3 Perspectivas Estratégicas, Táticas e Operacionais

O funcionamento complexo de uma organização, às vezes, pode dificultar enxergar atributos ou qualidades de diferentes perspectivas. Uma maneira de considerar isso é olhar para uma determinada organização de uma ótica estratégica, tática e operacional.

- **Estratégica** é a perspectiva dos líderes seniores e das partes interessadas de uma organização, bem como a linguagem usada por eles para articular objetivos ou informações necessárias para a tomada de decisões. Pessoas com uma perspectiva estratégica, geralmente, pensam e falam de forma conceitual — custo, risco e desempenho. Os líderes seniores de uma organização precisam entender o seu contexto, definir sua direção, criar suas condições de contorno e objetivos de Gestão de Ativos, além de monitorar o seu desempenho em relação aos resultados esperados, modificando-os conforme necessário. Existe um tipo de linguagem e de informação requerida para — e pelas — pessoas que trabalham neste nível. Ao considerar a Maturidade da Gestão de Ativos dentro da perspectiva estratégica, é importante entender o quão bem os líderes seniores prepararam a organização para o sucesso e as maneiras pelas quais eles se comunicam.

Para obter sucesso, os líderes seniores precisam ser capazes de utilizar uma linguagem e um estilo de comunicação pertinentes para o público. Isso significa entender com quem estão se

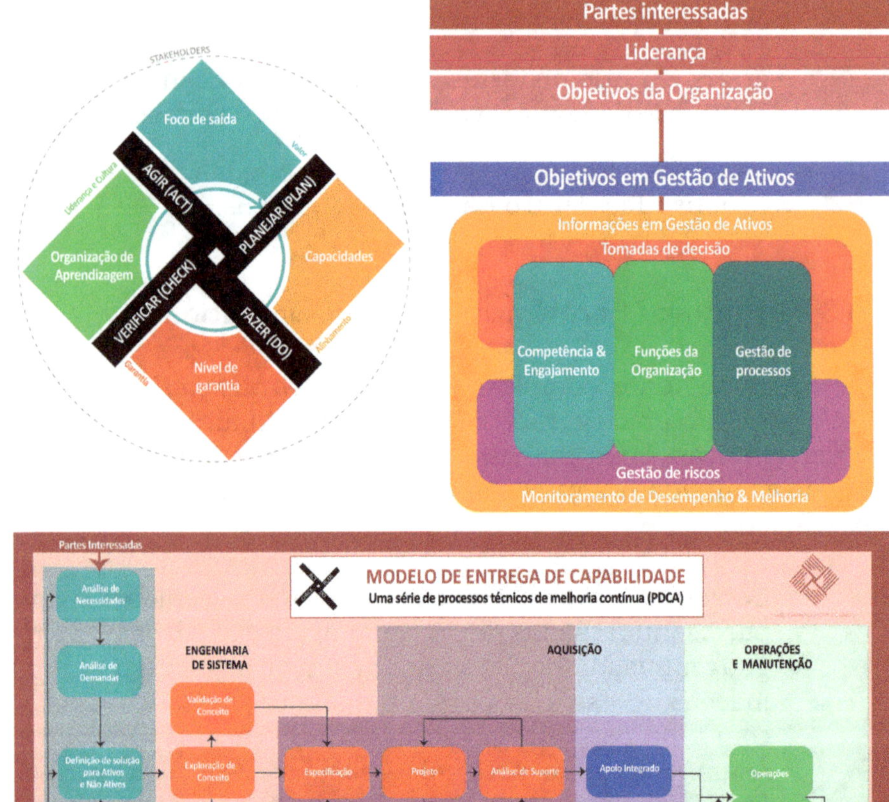

Figura 2-6: Modelos do AMCouncil, conceito/estratégico (canto superior esquerdo); Sistema de Gestão de Ativos/tático (canto superior direito) e Modelo de Entrega de Capabilidade/operacional (abaixo).

comunicando, qual a mensagem que deve ser entregue e como utilizar uma linguagem apropriada. À medida que uma organização amadurece, a mensagem e o estilo dos seus líderes seniores precisam mudar para encorajar as mudanças de comportamento visando produzir a cultura desejada. O modelo conceitual do Conselho de Gestão de Ativos da Austrália (AMCouncil), tal como visto na Figura 2-6, é muito útil ao trabalhar a partir da perspectiva estratégica.

- **Tática** é a perspectiva das pessoas encarregadas pela implementação da Gestão de Ativos. Pessoas com perspectiva tática, geralmente, estão pensando e trabalhando com o Sistema de Gestão de Ativos por toda a organização e tentando alinhar os objetivos da Gestão de Ativos e do Sistema de Gestão de Ativos visando trazer clareza para aqueles que entregam os resultados da organização. A linguagem e o foco são direcionados para conectar coisas como a Política de Gestão de Ativos, o Plano Estratégico de Gestão de Ativos (SAMP) e o Plano de Gestão de Ativos (AMPs). A perspectiva tática garante que o Sistema de Gestão de Ativos esteja em equilíbrio e que todos os componentes estejam trabalhando juntos para entregar os resultados desejados. Pessoas com essa perspectiva precisam entender os objetivos organizacionais e traduzi-los em Objetivos de Gestão de Ativos, além de utilizar os requisitos do Sistema de Gestão de Ativos para integrar as atividades da organização de forma a alcançá-los. O modelo do Sistema de Gestão de Ativos do AMCouncil, observado na Figura 2-6, é muito útil ao se trabalhar a partir da perspectiva tática. É importante, ao se formular um Sistema de Gestão de Ativos, que ele seja apenas suficientemente complexo para atingir os resultados desejados. Para a Maturidade em Gestão de Ativos, as pessoas que trabalham no nível tático precisam entender que o seu papel é preparar a organização para o sucesso e apoiá-la visando atingir os resultados desejados. O Sistema de Gestão de Ativos deve estar em constante evolução para acompanhar a maturidade da organização e ajudar a reforçar a cultura desejada. A perspectiva Tática é sobre como definir os objetivos da Gestão de Ativos e KPI's (Indicadores-chave de desempenho) de uma forma que incentive as pessoas com uma perspectiva Operacional a entender como eles agregam valor para alcançar os resultados da organização. A nível estratégico, deve informar de uma tal forma a garantir que

---

EXEMPLOS DO USO DE LINGUAGENS ESPECÍFICAS PARA AS PERSPECTIVAS ESTRATÉGICA, TÁTICA E OPERACIONAL

Estratégica — Queremos obter um retorno de 8% sobre o investimento para aplicar em novas máquinas que aumentem a produtividade

Linguagem — Contexto da organização, objetivos organizacionais, comportamentos desejados e cultura. Quais são as capacidades que desejamos para alcançar os resultados almejados? Qual o nível de maturidade que buscamos, o nível de garantia necessário para gerir os riscos e os resultados que tentamos alcançar? Como administrar as partes interessadas/conselhos de administração etc.

Tática — Precisamos reduzir o tempo de inatividade da produção de uma média de 10 para 4 horas semanais.

Linguagem — Quais objetivos de Gestão de Ativos proporcionarão nossos objetivos organizacionais e uma comunicação eficiente dos resultados, que várias pessoas que trabalham no nível operacional poderão assimilar?

Operacional — Precisamos alterar nossas atividades e ciclos de manutenção preventiva para reduzir as taxas de falha das máquinas de produção, já que elas estão se tornando muito caras. Caso contrário, substituir os ativos.

Linguagem — Devemos articular as ações necessárias no nível operacional para melhorar o desempenho que as pessoas podem assumir, visando aprimorar o resultado daquilo que fazem.

os objetivos estejam sendo cumpridos e, se não, qual é a causa raiz, e não apenas os sintomas. Para isso, deve informar, também, sobre como a Gestão de Ativos potencializa e cria valores. A Maturidade, por sua vez, aumenta e sustenta esses valores. A ISO 55001 e o Modelo de Sistema do AMCouncil, tal como representados na Figura 2-6, são projetados para ajudar as pessoas a entenderem o nível tático e o que é necessário para alcançar o estado desejado da Maturidade em Gestão de Ativos.

- **Operacional** é a perspectiva das pessoas que estão trabalhando para entregar os resultados exigidos. Os produtos ou serviços entregues em grandes organizações exigem um processo de ponta a ponta, com muitas transferências entre as divisões, as seções e as pessoas, para atingir esses resultados. Essa perspectiva operacional e a linguagem utilizada são focadas em questões como produtividade, número de falhas, tempo de inatividade, confiabilidade e manutenção proativa e reativa. Pessoas que trabalham em funções com uma perspectiva operacional precisam entender como aquilo que elas fazem agrega valor à organização e ao resultado a ser alcançado. Esses resultados são a consequência dos esforços combinados de muitas pessoas em várias partes da organização. Uma organização madura na Gestão de Ativos deve se preocupar com a linguagem de comunicação e com as devidas recompensas por alcançar os resultados desejados, e não apenas com atividades operacionais isoladas. O Modelo de Entrega de Capabilidade do AMCouncil, representado na Figura 2-6, é muito útil ao se trabalhar a partir da perspectiva operacional.

O alinhamento entre as perspectivas estratégica, tática e operacional requer um entendimento compartilhado da aplicação dos Fundamentos da Gestão de Ativos. A organização deve unificar sua linguagem de uma forma ajustada ao público.

CAPÍTULO 3

VIVENDO MATURIDADE EM GESTÃO DE ATIVOS

Adaptabilidade: Diante de incertezas disruptivas e significativas em seus ambientes de mercado e sociais, as organizações e seus Sistemas de Gestão de Ativos devem ser capazes de sentir e responder a essas incertezas em um prazo adequado.

3.1 A NECESSIDADE DE CONSISTÊNCIA ENTRE LIDERANÇA E CULTURA DE TRABALHO

Conforme observado anteriormente, as normas focalizam o lado mais técnico e tangível da Gestão de Ativos, mas não incluem sugestões ou recomendações em relação aos Fundamentos, nem aos aspectos comportamentais e culturais ou às questões de liderança e cultura organizacional, e nem mesmo à Maturidade em Gestão de Ativos e à excelência. Em um estudo conduzido pela *Australian School of Business*, as margens de lucro dos locais de trabalho considerados como de alto desempenho foram quase três vezes maiores do que aqueles considerados como de baixo desempenho. Além disso, locais de trabalho com um alto desempenho se revelaram mais eficientes na conversão de insumos — por exemplo, o custo de ativos, o capital humano — em produtos — como a receita cobrada pelos serviços prestados. Locais de trabalho com alto desempenho geraram 12% mais receita do que aqueles com baixo desempenho, além de apresentarem um desempenho superior em resultados de serviços e produtos.

ESTUDO DE CASO DE SEGURANÇA, RETIRADO DO CAPÍTULO 10

Em uma liderança que foi do circunstancial (individual) para o processual (coletiva), houve aumento da responsabilidade pessoal por meio de uma cultura de segurança.

O objetivo aqui é abordar aspectos que não podem ser tratados de forma universal, tais como emoções, comportamentos, cultura e liderança, entre outros elementos do modelo de Maturidade em Gestão de Ativos — oferecendo, assim, uma visão mais ampla sobre como lidar com fatores humanos complexos que afetam o desempenho organizacional. Isso não pode ser feito em um padrão, como nas normas ISO 5500x, porque essas questões são muito mais amplas e estão fora do escopo de qualquer padrão de sistema de gestão.

É a interação dos aspectos tangíveis e intangíveis de uma organização que pode gerar Maturidade em Gestão de Ativos que leve à excelência. Mudanças tangíveis tradicionais, tais como confiabilidade, manuais de qualidade, segurança e Gestão de Ativos, não são tão eficazes sem uma mudança em comportamento e cultura. Apesar de todos os esforços das organizações para resolver problemas técnicos, certas características, como emoções, comportamentos, cultura e liderança, contribuem de forma marcante na busca pelas raízes dos problemas. Essa linha de pensamento tem uma fundamentação sólida: vários autores concordam que manuais e instruções não são suficientes e que comportamento e cultura são fundamentais. No entanto, poucos sugerem como trabalhar ou alterar a cultura a fim de resolver tais problemas.

Nesse estudo, locais de trabalho de alto desempenho foram culturalmente caracterizados por um conjunto de valores e crenças compartilhadas em que as pessoas acolhem e buscam introduzir mudanças e inovações; os líderes cuidam de seus funcionários e promovem a colaboração; e há uma ambição de entregar resultados e se concentrar em atingir metas. Os locais de trabalho de alto desempenho exibem mais de um tipo cultural e mais de um estilo de liderança, mas os estudos mostram que todos esses locais se empenham em criar e incorporar a liderança e a cultura adequadas. Estas, por sua vez, são baseadas em valores organizacionais dentro de seus locais de trabalho, a fim de alcançar os resultados necessários. Em contraste, locais de trabalho de baixo desempenho têm a liderança e a cultura no local de trabalho caracterizadas, principalmente, por controle e estabilidade, em vez de alcançar efeitos e resultados (Boedker, et al., 2011).

É importante observar que, embora as questões técnicas e tangíveis sejam condições importantes e necessárias, elas não são suficientes para obter os resultados positivos na Gestão de Ativos que irão produzir organizações de alto desempenho. Da mesma maneira, Liderança e Cultura sozinhas não poderão gerar resultados. É a combinação de fatores técnicos e tangíveis com fatores culturais e de liderança que se faz necessária para uma evolução significativa na Maturidade em Gestão de Ativos.

Um fator crucial para alcançar a excelência em Gestão de Ativos é o comportamento. A Gestão de Ativos está intimamente ligada ao comportamento humano. Se a emoção e o comportamento são bases para a cultura, então, por meio de liderança, emoção e comportamento adequados, a cultura certa poderá ser alcançada para uma excelência em Gestão de Ativos. Para o propósito desta publicação, a Gestão de Ativos é um paradigma prático. A origem dos maus resultados é considerada nos níveis emocionais e comportamentais das atividades de Gestão de Ativos. Conforme discutido anteriormente, todos os problemas de segurança e confiabilidade acontecem no nível comportamental. Esse conceito pode ser aplicado a todas as atividades do ciclo de vida do ativo e ao planejamento de sua gestão. Um componente de um equipamento será tão confiável quanto as pessoas que o planejam, projetam, fornecem, operam e mantêm.

O maior desafio é como traduzir, alinhar e implantar os Fundamentos, valores, estratégias e planos da Gestão de Ativos para a linha de produção e a equipe que realiza as atividades práticas, que produzem os resultados da organização.

Valer-se de uma abordagem de comando e controle até pode fazer isso acontecer, mas a um custo e esforço enormes devido à falta de motivação e confiança dos funcionários. Resultados como baixos custos, alta produtividade, qualidade, segurança, saúde, ambiente e confiabilidade só podem ser alcançados por meio de confiança e motivação fortes por parte dos funcionários. Esses fatores estão intimamente ligados às emoções, comportamentos, cultura, liderança e conhecimento dentro da organização. Além disso, a redução do controle rígido está diretamente relacionada ao princípio ético de criar um ambiente que fomente a educação, a aprendizagem e a autonomia. Essa é uma mensagem extremamente importante e que precisa ser lida repetidamente, em diferentes contextos, para ser totalmente compreendida.

Realizar avaliação cultural é crítica para a aplicação de padrões e melhorias práticas a longo prazo. Em outras palavras, se os padrões certos não forem apoiados pelos comportamentos certos, a implementação dos padrões falhará. Uma vez que as lacunas existentes forem compreendidas e verificadas na cultura organizacional, o trabalho pode começar a projetar e implementar, cuidadosamente, soluções que abordem as deficiências comportamentais e preencham-nas para alcançar os resultados esperados. Essas soluções, geralmente, são específicas, visto que dependem da cultura e, muitas vezes, são entregues por aqueles que ocupam funções de liderança. Implementar uma solução pragmaticamente não é um exercício acadêmico; esse processo precisa ser liderado pela equipe de gestão.

3.2 UM NOVO FUNDAMENTO PARA A GESTÃO DE ATIVOS

Nos primeiros trabalhos do *Living Asset Management Think Tank*, uma das questões inicialmente abordadas foi se "os quatro Fundamentos da ISO 55000 são suficientes para formar uma base para a compreensão e avaliação da Maturidade em Gestão de Ativos".

Para responder a essa pergunta, foram realizadas análises de estudos de caso e dos resultados de mais de uma década de prêmios em Gestão de Ativos. As áreas-chave das organizações que mais falharam foram analisadas; e as mais consistentes entre elas foram o gerenciamento de mudanças e a abordagem de maturidade. O já existente Fundamento da Garantia abrange a implementação de processos que visam a melhoria, mas nenhum dos Fundamentos existentes trata claramente com as áreas-chave que falharam. Ficou claro que havia pelo menos um Fundamento necessário a ser adicionado para garantir que essas áreas fossem abordadas pela Gestão de Ativos.

Depois de muito debate e consideração sobre as atuais linhas de gestão, os autores resolveram nomear este quinto Fundamento de Adaptabilidade. Diante de incertezas disruptivas e significativas em seus mercados e ambientes sociais, as organizações e seus Sistemas de Gestão de Ativos devem ser capazes de detectá-las e reagir a elas em um prazo adequado; visto que mudanças intencionais diante de incertezas requerem que as organizações e seus Sistemas de Gestão de Ativos sejam capazes de sentir essas mudanças relevantes de forma ágil o suficiente para reagir em tempo hábil.

Dessa maneira, o conceito de Adaptabilidade dentro de um Sistema de Gestão de Ativos deverá ter as seguintes características:

- identificação e respostas, em tempo hábil, às demandas e necessidades do cliente, das partes interessadas e da comunidade, incluindo aquelas tácitas;

- apoio dos Objetivos Organizacionais para permitir que a organização seja uma empresa adaptável, que não busca oportunidades apenas nas incertezas, e que saiba se envolver com seus clientes e outras partes interessadas para definir direcionamentos futuros;

- criação e despacho de recursos organizacionais sob demanda;

- desenvolvimento de qualidades de liderança que identifiquem o propósito da empresa, documentando e acordando com sua força de trabalho em relação aos limites de comportamento esperados;

- desenvolvimento der estruturas de governança com foco em:

  ◦ coordenação das capabilidades organizacionais internas, e

  ◦ acordos internos e externos associados que definem essa coordenação.

Axiomaticamente, cada Fundamento é relevante tanto para a Gestão de Ativos quanto para a avaliação e medição da sua Maturidade.

Pode-se dizer que uma organização com um alto nível de Maturidade em Gestão de Ativos:

- entrega os resultados desejados, como atendimento ao cliente, lucro, segurança e garantia, com os recursos destinados e nos prazos necessários — atendendo a todas as expectativas das partes interessadas; e

- o faz repetidamente, a despeito de tudo o que acontece no contexto.

A Maturidade em Gestão de Ativos vai além da conformidade e da adequação tradicionais exigidas pela implementação de um

---

DESCRIÇÃO DA ADAPTABILIDADE

A Adaptabilidade permite que a organização sinta e responda às mudanças nas expectativas das partes interessadas e no ambiente em um ritmo mais rápido do que aquele em que a mudança impactaria a organização; ela pode adquirir e manter continuamente o apoio das partes interessadas, atingir objetivos organizacionais e obter transparência através do fornecimento de bens e/ou serviços, a despeito das mudanças no propósito e no ambiente. Para ser 'Adaptável', uma organização deve ser capaz de olhar bem longe para que respostas lentas funcionem, ou olhar para bem perto se sentir que o tempo de resposta é muito rápido.

Sistema de Gestão de Ativos baseado na ISO 55001, que enfoca as práticas relacionadas a um Sistema 'fechado' de Gestão de Ativos. A Maturidade incrementa e sustenta o valor, que é traduzido na sustentabilidade do desempenho de longo prazo de uma organização.

Existem três componentes para os resultados:

- Tendência — monitoramento das melhorias ao longo do tempo.

- *Benchmark* — comparação com pares no mesmo setor da indústria.

- Eficácia — capabilidade de atingir seus objetivos.

A ISO 55001 não inclui requisitos de cultura e liderança, deixando espaço para uma variedade de ideias e interpretações. A Maturidade em Gestão de Ativos, por sua vez, concentra-se, necessariamente, no desempenho, na liderança e na cultura. Para ilustrar, o Sistema de Gestão de Ativos pode ser considerado uma foto, uma pose estática contra um padrão fixo. A Maturidade em Gestão de Ativos, por outro lado, é como um filme, dinâmico e capaz de responder às mudanças no ambiente de negócios e nas necessidades das partes interessadas.

As principais características de um SGdA (Sistema de Gestão de Ativos) que incorpora os conceitos de Maturidade em Gestão de Ativos vão além de um SGdA, tal como prescrito pela ISO 55001, são:

- Consciência do desempenho e das capabilidades atuais, além das estratégias para melhorar os pontos fracos que reduzem o valor e para alavancar os pontos fortes.

- Foco no futuro e orientação para objetivos.

- Capacidade de traçar um cenário de como é o sucesso na Gestão de Ativos em nível estratégico, tático e operacional, e como ele se integra a todo o resto.

- Estratégias e objetivos para criar a cultura necessária para o sucesso, e os comportamentos necessários para se chegar até lá.

- Compreensão de que, uma vez que o sucesso e o fracasso se baseiam nos recursos humanos, é a interação dos ativos humanos com todos os outros ativos que criará mais valor.

- Equilíbrio ideal entre liderança e gestão.

- Estado dos Fundamentos da Gestão de Ativos em um determinado momento, em comparação com o estado desejado da organização.

FAZENDO MUDANÇAS — ESTUDO DE CASO DE UM REALINHAMENTO DE NEGÓCIOS, RETIRADO DO CAPÍTULO 7

O primeiro é o senso de urgência. Se as pessoas não possuírem senso de urgência para mudar, não haverá mudança. Ou existe um senso de urgência, ou existe um sonho. Alguém só muda por aversão de riscos, ou sonhando.

O segundo componente é construir uma visão, sabendo para onde se está indo. Só se muda quando se sabe para onde vai. Mudar, obviamente, é diferente de melhorar. É melhor conseguir algo e torná-lo mais amplo, reduzido ou até mais geral. Mudar, afinal, envolve desistir de alguma coisa para criar outra nova.

Terceiro, precisamos fazer coalizões. Temos que fazer com que todos na organização percebam por que vai haver uma mudança, que é o próprio sentido de urgência. Se não fizermos com que as pessoas percebam a razão, elas não mudarão. Também é necessário criar uma estrutura para se realizar mudanças: como vamos mobilizar a organização, quem vai ajudar na mobilização para disseminar o senso de urgência e a visão das mudanças.

Devemos também celebrar por cada etapa alcançada. Mudança não é algo que fazemos da noite para o dia, e sim um processo que pode durar seis meses, e até um ou dois anos. Portanto, devemos celebrar o seu processo de evolução. O outro componente da Adaptabilidade é a flexibilidade, que é a sua prontidão para mudar.

- Sistema de Gestão de Ativos tão complexo quanto necessário para atingir os objetivos organizacionais.

- Sistema aberto (consultar o Apêndice A.2 para uma discussão sobre sistemas abertos) para a Gestão de Ativos.

Em resumo, existem cinco Fundamentos que se aplicam à Gestão de Ativos: Liderança e Cultura, Valor, Garantia, Alinhamento e Adaptabilidade. Embora esses Fundamentos sejam interessantes da perspectiva conceitual, ter um conceito é completamente diferente de aplicar esses Fundamentos no mundo real. As questões verdadeiras — e mais importantes — são como eles se parecem quando são aplicados, como podem ser aplicados e como tudo isso se relaciona com a Maturidade em Gestão de Ativos. No item a seguir, é discutida a teoria da aplicação dos Fundamentos; já no item 4.2, a aplicação prática é apresentada através de estudos de caso.

3.3 APLICAÇÃO DOS FUNDAMENTOS DE GESTÃO DE ATIVOS

Os Fundamentos podem ser aplicados à Gestão de Ativos de duas maneiras:

1. Por si próprios — As qualidades de uma organização com uma abordagem madura de Liderança e Cultura podem ser identificadas e descritas. Por exemplo, em relação ao tema da segurança, uma cultura imatura pode desencorajar o relato de incidentes ou más notícias e/ou encorajar o relato incorreto do status dos projetos; assim, todos os projetos são relatados como 'verdes', independentemente de seu status real. Isso geralmente é evidenciado por previsões de progresso que se tornam mais ambiciosas à medida que o final do ano fiscal se aproxima, com as taxas de progresso disparando como um foguete nos meses 11 e 12 do ano fiscal. Uma cultura organizacional madura reconhece e admite a importância e

tem abordagens definidas para os seus elementos. Tal abordagem pode alavancar os aprendizados da cultura de segurança e identificar culturas de relatar incidentes, consequências justas, de aprendizagem e adaptabilidade (Reason J., 1997). Uma cultura ainda mais madura pode reconhecer suas próprias subculturas.

2. Cada Fundamento pode, e deve, ser aplicado simultaneamente, para atingir um alto estado de maturidade. Cada Fundamento pode ter um impacto na aplicação de outros Fundamentos. Uma visão detalhada de como os Fundamentos se relacionam é apresentada no Capítulo 5.

3.4 DEFININDO A MATURIDADE EM GESTÃO DE ATIVOS

Vivendo a Gestão de Ativos definiu Maturidade como:

> A capacidade de uma organização em prever e responder ao seu ambiente por meio da Gestão de Ativos, ao mesmo tempo em que continua atendendo às necessidades de suas partes interessadas e do ambiente externo.

Desde a publicação de *Vivendo a Gestão de Ativos*, tem havido excelentes trabalhos sobre a Maturidade em Gestão de Ativos. A leitura recomendada inclui trabalhos publicados pelo GFMAM (2015), pelo *Institute of Asset Management* (IAM, 2016) e pelo Conselho de Gestão de Ativos (AMCouncil), Austrália (*Asset Management Council,* 2015).

Aqui, em *Vivendo a Maturidade em Gestão de Ativos*, temos a seguinte definição:

> A capacidade de uma organização prever e responder, **comprovadamente**, ao seu ambiente por meio da Gestão de Ativos, ao mesmo tempo em que continua atendendo às necessidades **variáveis** de suas partes interessadas e do ambiente externo.

"Variável" foi um termo adicionado à definição para destacar a necessidade de adaptabilidade; mas por que a necessidade de incluir o termo "comprovadamente"? Neste contexto, ele significa "de maneira evidente" ou "óbvia". A palavra acrescenta ênfase ao Fundamento Garantia e significa que:

1. O contexto no qual os principais ativos cumprem a finalidade que lhes é exigida é identificado, especificado e documentado. Exemplo: nos próximos cinco anos, responderemos ao ambiente estratégico em constante mudança durante esse período, tomando como referência a análise PESTLE.

2. O raciocínio e a lógica de como a adequação ao propósito estabelecido são sólidos, acordados e documentados. Exemplo: implementar boas práticas estabelecidas, atender aos requisitos legais e aos requisitos referentes ao apetite de risco da organização.

3. Há um alto nível de confiança nos dados e informações utilizados para determinar a adequação ao uso, e a base dessa determinação — de alto, médio ou baixo nível de confiança — é acordada entre todos. Exemplo: implementar boas práticas estabelecidas e práticas organizacionais acordadas, nas quais limites dos níveis de confiança são acordados e estabelecidos.

4. Soluções alternativas foram identificadas e as melhores entre elas foram recomendadas. Exemplo: essas soluções alternativas atendem às necessidades de negócios da organização e utilizam requisitos compatíveis com o apetite ao risco.

5. A melhor solução foi recomendada e aprovada. Exemplo: aplicar os requisitos regulatórios corporativos/de delegação para tomar decisão.

6. A solução aprovada está em vias de ser, ou já foi, implementada. Exemplo: aplicar os requisitos regulatórios corporativos/de delegação para tomar decisão.

Exige, comprovadamente, que:

- os processos utilizados para apoiar as decisões:

    i. sejam documentados e aprovados, e

    ii. atendam às boas práticas;

- os dados utilizados para apoiar cada decisão sejam confiáveis.

- a base e a lógica de todas as decisões sejam documentadas e auditáveis;

- apenas pessoas delegadas — aquelas que são consideradas competentes pela organização — tomem decisões;

- todas as decisões estejam de acordo com o apetite de risco da organização (critérios de tomada de decisão); e

- aqueles responsáveis pelas decisões estejam engajados e apoiem o alcance dos objetivos de negócios.

Para empresas que operam em um ambiente altamente complexo e em constante mudança, que utilizam ativos e sistemas de ativos de alto risco e alto custo, tais níveis de garantia constituem uma necessidade de negócio essencial para que este negócio possa ser rotulado como maduro, de acordo com a maneira como a Gestão de Ativos foi aplicada. A Maturidade em Gestão de Ativos deve ser real/palpável e, portanto, tangível, sendo assim um requisito chave para qualquer SGdA maduro.

3.5 ELEMENTOS ORGANIZACIONAIS E GESTÃO DE ATIVOS

Na maioria das falhas para a sustentação da Gestão de Ativos, ou, em outras palavras, para desenvolver uma Maturidade em Gestão de Ativos, a origem do fracasso costuma estar nos processos de liderança e na falta de compreensão a respeito de como as organizações são compostas. Isso é evidente nos estudos de caso apresentados do Capítulo 6 ao 9. Compreender e utilizar os Elementos Organizacionais fornece um contexto para as diferentes abordagens e percepções da Gestão de Ativos dentro das organizações, conforme mostrado na Tabela 3-1.

Tabela 3-1: Interpretações dos Elementos Organizacionais

Elemento Organizacional	Definição de *Vivendo a Gestão de Ativos*	Interpretação Adicional	
Estruturante A linguagem / tomada de decisão tende a ser estratégica.	Como o planejamento estratégico, o treinamento e a comunicação são desenvolvidos e implementados. Como decisões são tomadas em todos os níveis. Qual cultura e qual liderança estão em vigor dentro da organização.	CAUSAS INTANGÍVEIS Como os líderes e a cultura (representados pelo comportamento das pessoas) causam/ produzem, intencionalmente ou não, os outros elementos.	CAUSAS INTANGÍVEIS Comunicação, comportamento, propósito, crenças, valores, compromisso, motivação, *feedback*, estilo.
Governança A linguagem é tática.	Como a organização assegurou que as pessoas estão entregando os resultados desejados intangíveis de acordo com o Plano Estratégico de Gestão de Ativos e com o equilíbrio desejado entre custo, risco e desempenho.	CAUSAS TANGÍVEIS Como o executivo e os sistemas de gestão causam/ produzem os efeitos.	CAUSAS INTANGÍVEIS Controles, decisões, planejamento, revisão, responsabilidade, recompensa — associados aos Gestores e às pessoas

Estruturada A linguagem tende a ser operacional.	Como as pessoas trabalham juntas de forma integrada para entregar os processos.	MEIOS Como as equipes utilizam as estruturas flexíveis e/ou temporárias produzidas pelos Elementos Estruturantes.	MEIOS Atividades, recompensa, funções organizacionais, gestão de risco, tomada de decisão, competências — associados aos sistema, processos, procedimentos.
Ativos/ Infraestrutura dos Negócios	Como as pessoas interagem com os ativos e quais habilidades e capabilidades são necessárias.	FINS Estruturas permanentes ou duradouras que são causadas pelos outros elementos, tais como físico, financeiro, ativos humanos (pessoas), informações e ativos intangíveis como reputação, conhecimento, marca.	FINS Ativos físicos relacionados, conhecimento, informação, dados financeiros e reputação — associados aos Ativos tangíveis e intangíveis.

O Elemento Estruturante está vinculado a líderes e a comportamentos. Trata-se de uma causa intangível no desempenho dos negócios e no valor entregue pelos ativos. O Elemento Estruturado, por sua vez, é o meio — o 'como' — através do qual as pessoas e as equipes trabalham juntas para atingir os fins. Os processos são, portanto, parte importante do Elemento Estruturado, e a Governança e os Elementos Estruturados estão essencialmente relacionados ao Sistema de Gestão de Ativos cujos requisitos foram estabelecidos na ISO 55001.

Na Tabela 3-2, as definições e outras interpretações são delineadas para cada Elemento Organizacional, incluindo:

- artefatos relevantes;

- responsabilizações da Gestão de Ativos — é essencial entender quem presta contas e/ou responde pela cultura organizacional e pelos comportamentos que criam valor e segurança;

- decisões de negócios que afetam a Gestão de Ativos e sua Maturidade;

- linguagens de comunicação e de tomada de decisão — Estratégica, Tática e Operacional.

Em geral, os proprietários de uma organização e o conselho ou órgão de administração têm a maior responsabilidade sobre a cultura e o comportamento organizacionais. No sistema legal australiano, na maioria dos casos, os proprietários delegam essa responsabilidade ao conselho de administração, que possui uma exigência legal para garantir uma cultura organizacional adequada (Hanrahan, 2019). No Brasil, geralmente, são os executivos que detêm essa responsabilidade.

Para alcançar o Alinhamento dentro de uma organização, é necessário adaptar a linguagem e se comunicar de uma maneira que possa ser compreendida e que seja relevante para todos os níveis. É também essencial compreender se a linguagem é Estratégica, Tática ou Operacional.

Tabela 3-2: Esboço dos Elementos Organizacionais

Elemento Organizacional	Pessoas responsáveis por este Elemento Organizacional	Artefatos relevantes para este Elemento Organizacional	Quais são as decisões de negócios que influenciam a Gestão de Ativos	Linguagens de Comunicação e Tomada de decisão
Estruturante	Proprietários da organização.	Estatuto/ Nomeação do conselho.	Eleições e apoio ao conselho de administração que determina a cultura organizacional.	
	Conselho de Administração /órgãos de administração.	Objetivos/ Estratégias de Negócio.	Apetite de risco — Estrutura de Gestão de Risco. Os Fundamentos relevantes da Gestão de Ativos. Valor/ proposta de valor — define o cenário para a Estrutura Organizacional e para a estrutura de Gestão de Ativos. Sentir e responder à mudanças de expectativas das partes interessadas, das tendências sociais, e modificar conforme necessário. Cultura organizacional e comportamento. Autoridade delegada para o CEO e a alta administração.	Estratégica — Os líderes seniores de uma organização precisam entender o seu contexto, definir sua direção e estabelecer suas condições de contorno.

Governança	Executivos — Alta Administração, como definidos pela ISO55001.	Objetivos Organizacionais /Plano Organizacional. Objetivos de Gestão de Ativos. Política de Gestão de Ativos. Plano Estratégico de Gestão de Ativos.	Tomadas de decisão — Critérios (legais), delegação, papéis, responsabilidades e autoridades. Percepção de risco — nível atual de riscos residuais. Registro de riscos e outras fontes de dados de risco. Monitoramento de desempenho (Objetivos da Gestão de Ativos). Estrutura de Governança (e sua aplicação demonstrável) da Gestão de Ativos. Estilo de liderança/ cultura requerido nos ambientes de trabalho. Processos de Gestão de Ativos aprovados. Critérios de tomada de decisão aprovados. Decisões tomadas por funções e responsabilidades aprovadas.	Estratégica — Os líderes seniores de uma organização precisam entender o seu contexto, definir sua direção, estabelecer suas condições de contorno e os objetivos da Gestão de Ativos, além de monitorar o desempenho relacionado aos resultados esperados e modificá-los conforme necessário.
Estruturada	Gestores.	Planos de Gestão de Ativos (AMPs).	Aplicação dos requisitos de SAMP e AMP, ou seja, Objetivos da Gestão de Ativos. Requisitos do Sistema de Gestão de Ativos. Funções do AMP.	Tática — Os líderes em Gestão de Ativos precisam entender os resultados esperados e traduzi-los para os requisitos do sistema de gestão, de forma a integrar as atividades da organização. Além disso, devem traduzir os objetivos da Gestão de Ativos em resultados tangíveis, incluindo SAMP, AMP e AMPs relacionados aos ativos, que devem estar alinhados e consistentes com os objetivos organizacionais.

Ativos/ Infraestrutura dos Negócios	Pessoal.	Processos de Gestão de Ativos. Objetivos de Gestão de Ativos vinculados causalmente aos ativos necessários. Plano de Gestão de Ativos.	Melhoria contínua de todos os itens acima.	Operacional — O pessoal que trabalha a nível operacional precisa entender como aquilo que eles fazem agrega valor à organização e ao resultado que está sendo alcançado. Tal resultado é, por sua vez, uma combinação de diversas pessoas, provenientes de diversas partes da organização, que se integram para atingir os resultados esperados.

É necessário entender que as tomadas de decisão ocorrem em todos os níveis. Portanto, uma Matriz de Atribuição de Responsabilidades RACI (**R**esponsável por fazer, **A**utoridade para aprovar, **C**onsultado antes de fazer/aprovar, **I**nformado sobre o fazer/aprovar), ou similar, é necessária para garantir que as pessoas entendam aquilo pelo que são responsáveis. Quando recebem uma delegação, precisam entender:

- o que precisam fazer ao tomar decisões;

- com quem colaborar/se consultar;

- como dar *feedbacks*; e

- como implementar mudanças.

Isso precisa ser tratado em vários níveis. Uma matriz RACI que lida com vários níveis hierárquicos em uma organização é uma boa maneira de obter Alinhamento quanto a quem for Responsável/Autoridade — responsabilização de quem autorizou. A experiência mostra que, quando uma matriz RACI é feita apenas para um nível, gera confusão em outros níveis da organização. Isso ocorre porque, em um nível sênior, uma função pode ser responsável por um resultado, mas quando desdobrados para o próximo nível, as responsabilidades/delegações podem ser alteradas de uma divisão ou filial para a outra. Esse é o ponto onde muitas organizações falham.

Mostrando um exemplo prático dentro de uma organização, onde uma divisão é responsável por alcançar os requisitos dos cliente e os resultados da comunidade em todo o ciclo de vida dos ativos. Isso significaria que essa divisão seria responsável por todas as decisões de investimento e por determinar quais soluções de ativos e não ativos atingiriam esse resultado da melhor maneira, enquanto outra divisão seria responsável por entregar projetos para novos ativos com um determinado escopo, custo e prazo. Isso significa que o gerente de projetos no nível da divisão responsável pela entrega desse projeto é responsável apenas pelas mudanças de escopo, prazo e custo. A divisão responsável por todo o ciclo de vida, por sua vez, é responsável por aprovar suas mudanças, pois terá que decidir se essas mudanças são do interesse dos clientes, podendo não alcançar mais os resultados desejados. Portanto, se uma RACI fosse feita apenas em um nível, isso criaria um conflito, pois ambas as divisões assumiriam a responsabilidade por essas aprovações.

3.6 ESTADOS DA MATURIDADE EM GESTÃO DE ATIVOS

Conforme mencionado anteriormente, existe um excelente material publicado pelo GFMAM, pelo AMCouncil (Austrália) e pelo IAM (UK) a respeito da Maturidade em Gestão de Ativos. Em cada uma dessas contribuições, vários níveis ou estados de Maturidade foram propostos.

Em *Vivendo a Gestão de Ativos* (Capítulo 7.5), nós utilizamos quatro estágios para descrever a maturidade: Ad Hoc, Consciente, Desempenhando e Excelência Operacional. Em *Vivendo a Maturidade em Gestão de Ativos*, mudamos o termo "estágios" para "estados", já que este último se ajusta melhor à ideia de "Adaptabilidade", transmitindo uma sensação de movimento e temporalidade. Também decidimos chamar os quatro estados de maturidade como: Instintivo, Dependente, Independente e Interdependente, como mostrado na Tabela 3-3. Para cada estado do elemento organizacional estruturante, conforme descrito na Tabela 3-1, uma cultura existente de Gestão de Ativos foi descrita, de acordo com os estados discutidos no Capítulo 5.

Tabela 3-3: Estados de Maturidade em Gestão de Ativos

Estados de Maturidade em Gestão de Ativos	Definição do Dicionário	De *Vivendo a Gestão de Ativos*, especificamente em relação à cultura, comportamento, liderança	A nível de sabedoria pessoal (Paulus & Horth, 2012)
Instintivo	Impulso, inclinação ou tendência natural ou inata.	Gestão instintiva, sem valores, normas ou leis coletivas.	
Dependente	Estado de depender ou precisar de alguém ou algo para obter ajuda, suporte ou coisa semelhante.	Dependente da existência de leis mantidas por uma autoridade que transmite às pessoas os valores e crenças daquela sociedade.	A sabedoria dependente é sobre tradição, pertencimento, poder e sobrevivência.
Independente	Estado ou qualidade de ser ou estar livre do controle, influência, apoio, ajuda ou semelhante, de outros.	Liderança independente se caracteriza enquanto processo.	A sabedoria independente trata da jornada do eu e do poder da experiência pessoal e do pensamento racional.

| Interdependente | A qualidade ou condição de ser interdependente ou mutuamente dependente um do outro. | A liderança interdependente torna-se um processo. Normas de conduta para todos são orientadas pelo propósito da organização e seus respectivos valores e crenças, que são consistentes com sua cultura e contexto. | A sabedoria interdependente trata da interconexão de tudo e dos mistérios da existência. |

3.7 REUNINDO COMPONENTES DA MATURIDADE NA GESTÃO DE ATIVOS

Em sua forma mais simples, a Maturidade da Gestão de Ativos é a aplicação de todos os Fundamentos através dos Elementos Organizacionais de uma organização. As seções a seguir exploram vários modelos que descrevem como esses Fundamentos, Elementos Organizacionais e estados podem ser reunidos. Tais modelos se baseiam em conceitos presentes em *Vivendo a Gestão de Ativos* e fornecem abordagens alternativas para conceituar a Maturidade na Gestão de Ativos.

3.7.1 Utilizando a analogia da árvore — plantação — e dos frutos —colheita — para explicar e resumir a Maturidade da Gestão de Ativos

Os líderes seniores de uma organização precisam entender o seu contexto, além de definir sua direção, estabelecer as condições de contorno, os objetivos da Gestão de Ativos e monitorar o desempenho em relação aos resultados esperados, fazendo mudanças conforme necessário. Algumas perguntas bastante comuns incluem:

- Quais produtos ou serviços devemos produzir?

- Os preços estão gerando as margens de lucro adequadas?

- Existe algo que possa ser feito para entrar em novos mercados para aumentar valor?

Da perspectiva de uma plantação:

- Essas safras satisfazem nossos requisitos?

- As pessoas querem comprá-las a um preço que nos é lucrativo?

- Quais fatores externos podem afetar a safra ou a sua capacidade de chegar ao mercado?

As seções a seguir investigam a aplicação da analogia da plantação aos Fundamentos, Elementos Organizacionais e estados.

3.7.1.1 Os Fundamentos

Fundamento	Atributos	Da perspectiva de uma plantação
Liderança	Comprometimento de todos os níveis essencial para o desempenho, junto à compreensão dos papéis e objetivos organizacionais.	Qual é o objetivo da árvore/ plantação — parecer bonita ou produzir resultados? A ausência de um processo ou sistema significa que os resultados (ou frutos/ colheita) não são confiáveis. É preciso existir um bom entendimento de todos os fatores ambientais que afetam o local escolhido para plantação e os riscos associados devem ser considerados e mitigados tanto quanto possível.

Garantia	Partes interessadas exigindo uma garantia de que o Sistema de Gestão de Negócios (que integra todos os sistemas de gestão) entregará o que é necessário. Melhoria contínua dos ativos e do sistema de Gestão de Ativos e dos seus desempenhos.	As partes interessadas exigem a garantia de que sementes apropriadas serão plantadas, ao invés de depender apenas daquilo que a natureza fornece. Sistemas e processos garantem que as sementes sejam plantadas, mas se eles não forem integrados, não haverá cultivo. Não há ligação entre as despesas e os resultados alcançados, então é comum encontrar variabilidade no sucesso da colheita.
Fundamento	**Atributos**	**Da perspectiva de uma plantação**
Alinhamento	Situado entre as necessidades das partes interessadas e o Sistema de Gestão de Ativos e Planos de Gestão de Ativos. Da intenção estratégica e dos resultados desejados para planos, atividades e tarefas.	As partes interessadas são os agricultores, suas famílias, o banco e seus clientes. Quais são suas necessidades? Como o nível de produção da plantação se traduz em entregar a intenção estratégica das diversas partes interessadas? Entendimento do que cada parte interessada deseja e precisa, como as safras produzidas podem satisfazer cada uma delas e como isso deverá ser comunicado.
Valor	Tangível e intangível. Financeiros e não financeiros. Os planos são desenvolvidos e implementados para atingir o desempenho necessário e conseguir agregar valor.	O valor não está apenas na colheita, que pode agregar valor financeiro. Valor da terra — a rotação das colheiras, semelhante à rotação de culturas, fornece um valor a longo prazo para a terra e melhora o desempenho. Tempo e esforço despendidos compreendidos e valor agregado por resultados melhores na safra verificado para garantir que não haja muitos — ou muito poucos — gastos para alcançar os resultados.

Fundamento	Atributos	Da perspectiva de uma plantação
Adaptabilidade	O Sistema de Gestão de Ativos (SGdA) é capaz de responder à necessidade de uma mudança nos produtos ou nos serviços? O desempenho é afetado por uma resposta lenta às mudanças no mercado? Se a lucratividade estiver baixa, por que será que este é o caso, e nós poderemos responder a isso antes de ir à falência?	Essas são as safras certas para um futuro lucrativo? As pessoas querem comprar essas safras a um preço sustentável? Devemos diversificar para testar novas culturas que possam atrair retornos maiores e satisfazer as necessidades futuras? Que novas técnicas existem para conseguirmos reduzir o custo de produção? Que outros fatores podem afetar o mercado?

3.7.1.2 Elementos Organizacionais, Linguagem e Tomadas de Decisão

Elementos Organizacionais	Atributos	Da perspectiva de uma plantação
Estruturante	Inclui comportamentos, emoções, interações humanas e interfaces. Deve ser coerente e alinhado. Ainda não é bem compreendido, mas irá moldar os outros Elementos Organizacionais. Cria a cultura organizacional.	Uma semente plantada sem pensar no ambiente ao redor não fornecerá o valor necessário. Espécies erradas que forem plantadas podem degradar a qualidade de todas as outras colheitas.

Elementos Organizacionais	Atributos	Da perspectiva de uma plantação
Governança	Nível necessário de Garantia que o Sistema de Gestão de Ativos e a Gestão de Ativos permanecerão adequados ao uso e seguros de se usar. Base para um programa de auditoria fornecer garantia do Elemento Estruturante. Alta probabilidade de atingir o resultado. Confirmação de que as pessoas estão entregando os resultados desejados de acordo com os planos estratégicos e de gestão, e com o equilíbrio desejado entre custo, risco e desempenho.	Não depender mais da natureza para selecionar boas sementes. Sementes ou colheitas são plantadas para aumentar a probabilidade de se obter resultados (safra). Monitoramentode prazo para fazer as coisas na época certa do ano, melhorando a probabilidade de safras melhores. Abordagem estruturada para quando as coisas forem feitas, ou por que — elas simplesmente são feitas.
Estruturado	Implementa o Fundamento do Alinhamento. Desenvolve e implementa os processos, planos, atividades e tarefas como parte do Sistema de Gestão de Ativos. Permite o desenvolvimento de uma abordagem integrada para a entrega dos objetivos organizacionais.	Planos para aquilo que for necessário para a plantação? Colheita? Processos e atividades. A plantação deve ser nutrida — regada, fertilizada, manejada. Compreender quais tipos de culturas se complementam para manter afastados os insetos que poderiam degradar a colheita. Plantios diversificados para mitigar os riscos de fatores externos degradarem o desempenho e o rendimento da safra.

Elementos Organizacionais	Atributos	Da perspectiva de uma plantação
Ativos/ Infraestrutura dos Negócios.	Implementa o Fundamento do Valor. Abrange a entrega dos objetivos da organização. Refere-se ao uso de ativos tangíveis e intangíveis — pessoas, sistemas de TI, maquinária.	Harmonia: As sementes certas são plantadas na hora certa para gerar as colheitas necessárias ao longo do ano. Não é 'decidir e esquecer'. Mesmo com um nutrimento eficaz, processos devem ser alterados conforme a colheita amadurece. Uma revisão contínua dos resultados se faz necessária para garantir que o equilíbrio certo será alcançado; se houver necessidade de melhorias, elas serão realizadas. O monitoramento do ambiente externo é fundamental para entender se há alguma mudança que pode vir a afetar o desempenho futuro.

3.7.1.3 Estados

Em *Vivendo a Gestão de Ativos*, a metáfora da árvore foi escolhida por ilustrar que liderança, cultura, emoções e comportamentos são vitais. Uma árvore não floresce da mesma maneira em solos rochosos e climas frios. Cada árvore tem suas raízes (fundações que incluem tecnologia, desenho organizacional, aprendizagem, comunicação, sistemas de recompensa, relacionamentos, processos), troncos e ramos (sistemas visíveis de pessoal, ativos, liderança e gestão) e folhagem (incluindo ambiente, confiabilidade, segurança, qualidade, finanças), eventualmente produzindo seus frutos (resultados desejados). O solo deve nutrir as sementes para que estas, eventualmente, tornem-se raízes, das quais crescerá o tronco. Deste, por sua vez, surgirão os ramos, folhagens e, finalmente, os frutos.

Em *Vivendo a Gestão de Ativos*, descrevemos cada estado da Maturidade da Gestão de Ativos utilizando-se da metáfora. Essa descrição será complementada a seguir.

1. Instintivo

A gestão instintiva ocorre sem valores, normas ou leis para o coletivo. Metaforicamente, cada árvore está produzindo, naturalmente, por conta própria, sem qualquer tipo de liderança sendo demonstrada pelo jardineiro. As sementes são espalhadas aleatoriamente pela natureza (o vento ou os pássaros). Não há pensamento ou processo para esse tipo de árvore e seus frutos. Não há uma nutrição focada: a árvore só é regada quando chove e só recebe energia quando o sol brilha. Algumas árvores estão crescendo; outras são velhas e algumas estão morrendo. A sobrevivência é para aquelas melhor adequadas ao ambiente.

Cada ativo e cada sistema estão isolados, tentando produzir seus próprios frutos, dependendo apenas das condições climáticas e do seu ambiente. Não há sinergia, nem qualquer consistência no estilo e na cultura de liderança. Tampouco há integração com outros sistemas, processos e funções, ocorrendo muitas sobreposições e duplicações. Os custos são altos, o risco não é considerado e a produtividade é baixa. Além disso, as perdas, provavelmente, serão maiores devido a uma baixa Adaptabilidade às mudanças ao redor.

2. Dependente

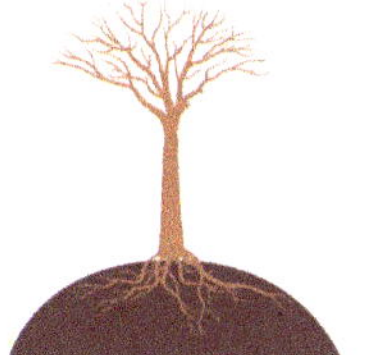

Há leis mantidas por uma autoridade que transmite ao pessoal os valores e as crenças da sociedade. Metaforicamente, as árvores já estão crescidas e gerando frutos, mas dependem do jardineiro. Cada jardineiro planta suas próprias sementes, mas faz pouco para nutri-las e ajudá-las a crescer. Sem nutrição, a qualidade e o tamanho dos frutos acabam ficando abaixo do ideal.

Esse estado é o início da integração dentro da sinergia inserida nos processos e funções que fazem parte do sistema, e o valor começa a crescer. O estilo de liderança e a cultura estão bem definidos, mas ainda não são compartilhados entre todos. A produção começa a aumentar e o risco a ser avaliado, embora os custos ainda sejam elevados. Algumas capacidades de adaptação a mudanças ou a oportunidades ficam evidentes.

3. Independente

A liderança começa a ser um processo. Metaforicamente, o pomar está em plena produção; as árvores estão totalmente crescidas e integradas. O jardineiro assume uma função de monitoramento do ambiente e os sinais emitidos pelas árvores funcionam como um *coach*, já que os sistemas e o processo são suficientes para gerenciar o todo. O próprio pomar passa a produzir novas sementes quando necessário.

O sistema está totalmente integrado. Processos e funções são integrados e otimizados dentro do escopo da Gestão de Ativos. Os estilos de liderança e cultura organizacional são definidos e aplicados em toda a organização. A produtividade é alta, o custo é baixo e o risco é bem gerenciado. A adaptabilidade a mudanças ou oportunidades é evidente.

4. Interdependente

A liderança se tornou processo. Padrões de conduta para todos são guiados pelo propósito, crenças e valores da organização, que são consistentes com sua cultura e contexto. Metaforicamente, todas as partes do pomar estão integradas. O estilo do solo e da jardinagem são consistentes no pomar. Pode-se dizer que o jardineiro e o pomar se tornaram um só. Existem diferenças ao longo do pomar, mas os resultados são totalmente integrados e se encontram em seu estado mais elevado, em todas as dimensões. A diferença neste nível de maturidade é que o jardineiro também está observando o mercado externo e testando se os tipos de safra atuais lhe darão um retorno melhor no futuro. Pode haver diversificações em curso, visando atender às novas necessidades do mercado e maximizar o valor da terra que está sendo usada para gerar produtividade.

Neste estado, os sistemas de gestão são integrados, com um estilo de liderança e cultura consistentes em toda a organização. Existe, por exemplo, uma sinergia entre os sistemas de Gestão de Ativos (ISO 5500x), Risco (ISO 31000), Qualidade (ISO 900x), Ambiente (ISO 1400x) e Segurança (ISO 4500x). Os Fundamentos em todas as disciplinas são integrados sob o título de Gestão de Ativos no lado operacional dos ativos. O valor necessário está sendo alcançado e os sistemas se encontram adaptáveis a mudanças ou oportunidades.

3.7.2 Modelo Adaptável de Maturidade da Gestão de Ativos

Junto com a cultura, os modelos influenciam a maneira pela qual o mundo é percebido e compreendido. Apresentar as representações da Maturidade em Gestão de Ativos em relação a ideias, ou modelos, exerce uma influência nas nossas percepções e no nosso pensamento. Considere o seguinte exemplo: o que você pode enxergar na Figura 3-1?

Você enxerga uma árvore, um vaso ou duas cabeças humanas? Considere que aquilo que você vê primeiro pode não ser o que os outros veem. Diferente não é errado. É apenas diferente.

Figura 3-1: A árvore, um vaso ou faces.

Em *Vivendo a Gestão de Ativos*, o modelo de maturidade foi representado como uma árvore totalmente desenvolvida e que dava os frutos desejados, conforme mostrado na capa do livro. A metáfora da Maturidade na Gestão de Ativos como árvore ressoou para alguns. Outros tiveram problemas para compreender ou extrapolar essa metáfora em seus ambientes de trabalho.

Para apresentar visualmente os conceitos da Maturidade na Gestão de Ativos, os autores substituíram a árvore por um Tangram — uma forma gerada a partir de sete pedaços menores e planos, chamados tans, que são colocados juntos para criar outras formas. Os sete pedaços representam os componentes da Gestão de Ativos que os autores utilizaram para mostrar as diferentes áreas de foco que devem ser consideradas na maturidade.

A forma como essas sete áreas são organizadas pode variar de uma organização para a outra, mas todas elas são necessárias para gerar uma imagem integrada da Maturidade na Gestão de Ativos. Existem muitas maneiras de se juntar os sete tans — veja as Figuras 3-2, 3-3 e 3-4, por exemplo; nesta última, eles formam uma espécie de árvore. Em seu Modelo de Excelência da Gestão (MEG), a Fundação Nacional da Qualidade (FNQ) do Brasil utiliza o modelo de Tangram que é mostrado na Figura 11-1; cada organização, no entanto, deve utilizá-lo e adaptá-lo para melhor atender aos seus requisitos.

Como os fatores humanos são vitais para se obter sucesso na Gestão de Ativos e para atingir a sua Maturidade, os autores escolheram uma representação de Tangram do Modelo de Maturidade em Gestão de Ativos que possui uma forma humana, como mostrado na Figura 3-2.

Figura 3-2: Tangram utilizado como base para o Modelo Adaptável da Maturidade na Gestão de Ativos.

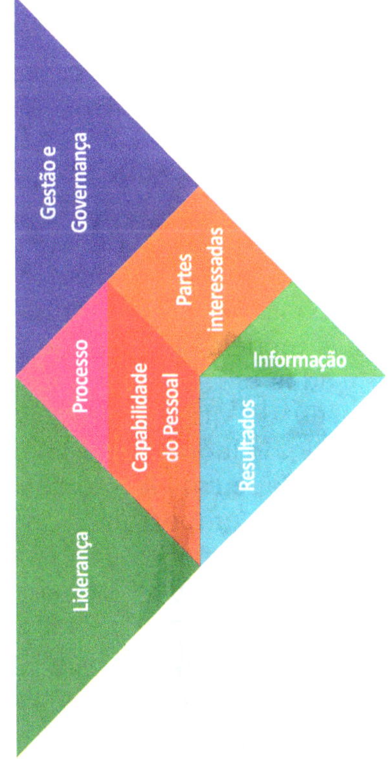

Figura 3-3: Um Modelo de Maturidade em Gestão de Ativos utilizando o conceito de Tangram

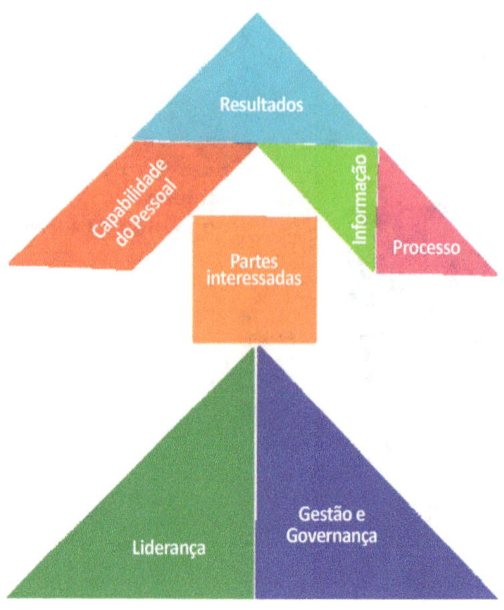

Figura 3-4: O Tangram reorganizado como uma árvore.

A Figura 3-5 mostra o Modelo Adaptável de Maturidade da Gestão de Ativos. O modelo é adaptável porque pode ser reorganizado para se adequar ao contexto da organização. As três visões do modelo, tal como mostradas na Figura 3-5, representam diferentes maneiras de se enxergar o modelo para entender o que está acontecendo dentro da organização. Os Fundamentos são a base do modelo, conforme mostrado na base da Figura 3-5. Os modelos mentais, organizacionais e processuais podem ser usados para oferecer *insights* maiores que auxiliem na compreensão do que, exatamente, precisa ser mudado (conforme mostrado no lado direito da Figura 3-5). Fatores que influenciam a Maturidade em Gestão de Ativos incluem tomadas de decisão, linguagem, comportamentos e projeto organizacional (conforme mostrado no lado esquerdo do Tangram). Um modelo de organização adaptável deve se concentrar na capacidade para a mudança, devidamente iniciada por toda a organização, incluindo portanto, as equipes e os indivíduos em quem a liderança confia para aplicar sua iniciativa. Técnicas e ferramentas devem ser utilizadas para ajudar as pessoas a se moverem rapidamente entre os estados e a acatá-los. Considere que a mudança só ocorre, efetivamente, quando as perspectivas individuais são levadas em consideração, ou, em outras palavras, quando todos a aceitarem e demonstrarem isso em seus comportamentos, apoiando-a sem colocar barreiras à sua implementação.

As pessoas precisam de tempo para aceitar as mudanças e incorporá-las em seu dia a dia, assim como para assimilar novos conceitos, para quebrar paradigmas pessoais e aceitar situações novas, aproveitando ao máximo os seus benefícios. Além disso, as pessoas, em geral, precisam de tempo para passar pelos estados da curva de aceitação das mudanças.

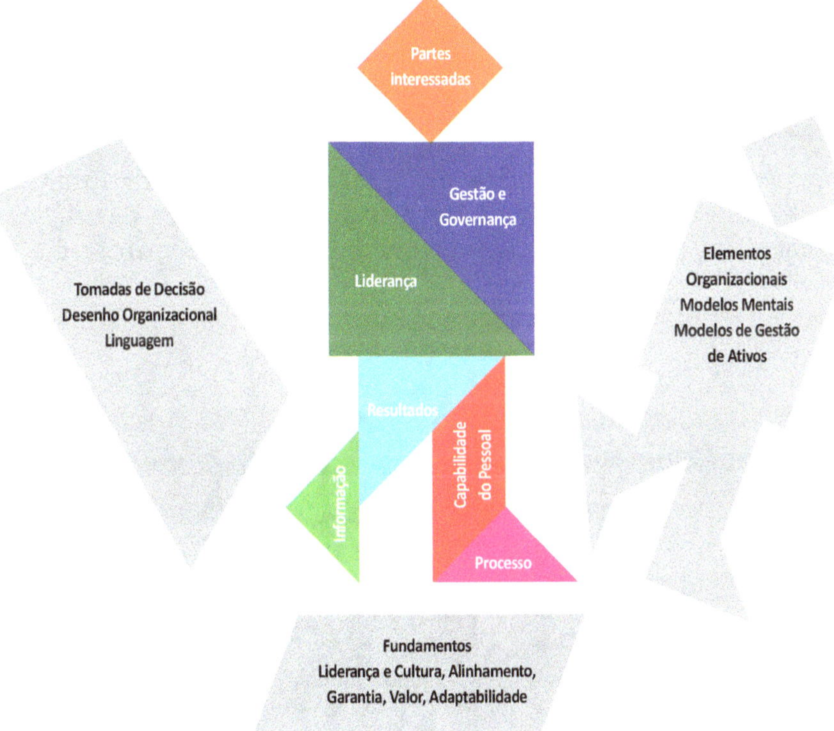

Figura 3-5: Modelo Adaptável de Maturidade na Gestão de Ativos.

Considere lançar uma luz sobre o Modelo de Maturidade em Gestão de Ativos a partir de diferentes direções. Essas direções podem representar os diferentes Elementos Organizacionais e como eles percebem o Sistema de Gestão de Ativos (SGdA) dentro da organização. Diferentes silhuetas podem ser vistas, dependendo do ponto de vista do indivíduo.

Através da Figura 3-6, o Modelo de Maturidade em Gestão de Ativos pode ser analisado de diferentes perspectivas. As lâmpadas podem representar diferentes lentes, ou diferentes perspectivas das partes interessadas. Essas lentes podem ser processos internos (como engenharia, manutenção, operações, finanças e RH), camadas gerenciais (estratégica, tática, operacional), temas (por exemplo, cada uma das 39 disciplinas do *Landscape* do GFMAM), e assim por diante. As qualidades constituem aquilo que é percebido dependendo da perspectiva; elas podem ser um quadrado, um retângulo ou o Tangram de um perfil humano. É o objeto que está sendo analisado, investigado ou revisado, e esse objeto pode ser um elemento do sistema (por exemplo, tomadas de decisão, risco, gestão de mudanças, análise crítica).

O que é verdade? O quadrado? O retângulo? A figura humana? Ora, todas essas respostas são verdadeiras e, ainda assim, não representam a verdade em sua totalidade. Veja a Figura 3-6.

Figura 3-6: A Gestão de Ativos pode ser visualizada a partir de perspectivas diferentes.

A chave é utilizar as lentes para compreender a Gestão de Ativos. A perspectiva é uma visão, a partir de um ponto no espaço (Maturidade em Gestão de Ativos), que permite que a imagem apareça através dessa lente. À medida que a Maturidade da Gestão de Ativos aumenta ou muda, o mesmo acontece com o ponto, que nada mais é do que a plataforma a partir da qual a perspectiva (as qualidades) é adquirida. O importante, aqui, é que essa configuração seja flexível e modificável — adaptável, portanto — para o que for necessário ser avaliado ou investigado.

3.7.3 Utilizando o Modelo Adaptável de Maturidade da Gestão de Ativos para descrever os estados

Os estados utilizados em *Vivendo a Gestão de Ativos* (Capítulos 5 e 6) serão usados, aqui, como uma base para descrever mais precisamente os estados de Adaptabilidade da Maturidade na Gestão de Ativos.

- **Estado Instintivo**

...Sem valores, normas ou leis coletivas. Há pouca consciência de qualquer aspecto da Gestão de Ativos e o modelo de gestão e estilo de liderança são baseados nos instintos naturais dos líderes e gestores. Não existem valores bem definidos. Normalmente, a organização se concentra em apagar incêndios, resolvendo problemas e crises à medida que eles ocorrem. O comportamento do grupo é sempre reativo e há pouca proatividade. Não há qualquer preocupação com os aspectos culturais e normativos que ajudam a incorporar valores. O comportamento das pessoas é apático e elas, geralmente, agem como se estivessem sendo acusadas; elas apenas reagem ao contexto (Hardwick & Lafraia, 2013).

• Estado Dependente

...A existência de leis a serem mantidas por uma autoridade transmite às pessoas os valores e as crenças daquela sociedade. O modelo de gestão é normativo e há um líder sólido e único. A ênfase da organização está direcionada para tarefas, processos e atividades. Comando e controle são amplamente utilizados, e as equipes seguem um único líder, junto aos seus valores e crenças. As pessoas agem pelo medo da punição ou pela esperança da recompensa. O principal motivador é a dependência da proatividade do líder e dos gestores para fazer as coisas acontecerem. Os valores e as crenças são claros para o topo da organização; os métodos estão bem estabelecidos, mas as pessoas nitidamente não sabem o seu valor e ainda os veem como burocráticos. Os valores e as crenças do topo da organização ainda não foram incorporados à sua cultura. Nesse estado, é importante que o foco dos líderes e gestores seja promover uma compatibilidade entre o discurso, as práticas e o contexto físico e cultural da organização. Muitos negócios nunca superam esse estado por pura falta de entendimento. O clima de medo, comando e controle não permite o desenvolvimento da autonomia individual.

• Estado Independente

...Uma equipe de líderes começa a se formar. A liderança começa a ser um processo. As pessoas na organização já incorporaram valores e crenças, agindo de maneira proativa e de acordo com eles. Prioridades e deveres começam a ficar melhor definidos; um modelo de gestão mais participativo, e quiçá consultivo, passa a ser adotado. Ainda persiste uma atitude de isolamento entre as áreas, apesar dos indivíduos se comportarem de maneira proativa. Há maior clareza e consciência da Gestão de Ativos em diferentes Elementos Organizacionais — embora não sejam necessariamente uniformes —, e é vista de forma mais integrada dentro da organização. A autodisciplina começa a substituir a disciplina vinda de fora, tal como era exigida no estado anterior. Neste estado, organizações funcionais produzem resultados tangíveis e intangíveis. Segundo a experiência gerencial, no entanto, poucas organizações conseguem atingi-lo.

• Estado Interdependente

...Hábitos são praticados de maneira interdependente por cada pessoa e existe uma consciência dos valores éticos e das crenças que os sustentam. Neste estado, o modelo de gestão tende a se tornar mais ativo, e já não há mais um único líder. A liderança se torna um processo. Os padrões de conduta gerais são conduzidos pelos valores e crenças da organização, que, por sua vez, são consistentes com sua cultura e seu contexto. O trabalho em equipe é evidente — os membros trabalham juntos para gerar produtos, serviços de alto valor e resultados significativos. No estado Interdependente, as leis do grupo e da figura de autoridade, junto aos instintos, são incorporadas pela convicção pessoal de cada um, e as pessoas passam a adotar suas próprias regras. Além disso, elas começam a avaliar seu próprio comportamento através de um processo ético e moral. Há clareza e consciência em relação à Gestão de Ativos, de uma maneira integrada e em diferentes aspectos.

CAPÍTULO 4

A JORNADA DE UMA ORGANIZAÇÃO EM DIREÇÃO À MATURIDADE EM GESTÃO DE ATIVOS

O maior passo na jornada em direção à Maturidade em Gestão de Ativos, além da decisão de fazer a jornada, é compreender a cultura, a estrutura e os sistemas da organização, e então determinar o caminho seguinte.

Implementar a Gestão de Ativos e incorporar a Maturidade na Gestão de Ativos é uma jornada e, como toda jornada, cada etapa deve ser realizada para alcançar o destino desejado. Não há atalhos para a Maturidade em Gestão de Ativos.

Dois conceitos-chave na jornada em direção à Maturidade na Gestão de Ativos são o envolvimento da liderança e a avaliação do estado atual de maturidade. Os líderes devem perceber que as pessoas notam como eles agem, não como falam. Para que uma organização obtenha benefícios da Maturidade na Gestão de Ativos, os líderes devem conduzir a jornada. Cada "estado" de Maturidade na Gestão de Ativos ao longo da jornada tem suas próprias qualidades, características, comportamentos, cultura e processos (detalhados no Capítulo 5.2.2). É essencial entender e avaliar onde uma organização está, para atingir um outro estado de maturidade.

Conforme discutido no Capítulo 1, a incorporação de valores em uma cultura deve ser entendida. Para cada estágio de maturidade, existe um estilo de liderança e gestão mais eficaz em termos de evolução para o próximo estágio. Isso é semelhante ao que ocorre com a liderança situacional, que varia de acordo com a maturidade e a capacidade do indivíduo. Ao lidar com a cultura, deve-se usar o estilo de liderança mais adequado para toda a equipe, em vez daqueles que favorece poucos indivíduos. Isso é especialmente verdadeiro ao lidar com comunicações, exemplos de comportamentos, sistemas de recompensa/consequência (Figura 2-1) e outras questões de liderança que estão relacionadas a uma equipe inteira.

Mover-se de um estado para outro, por exemplo, do estado Dependente para o Independente, geralmente envolve desaprender e reaprender conceitos, comportamentos e processos; não há uma correlação direta entre esforço e melhores resultados. Isso pode ser ilustrado pelo conceito de curva "S". O esforço muda ao longo da jornada, conforme mostrado na Figura 4-1. É preciso determinar a mudança necessária para passar de um estado para o próximo. Isso requer planejar mudanças na capabilidade necessária, no recurso, no esforço e no custo. O resultado disso trará melhorias de desempenho que começarão pequenas, mas ganharão impulso à medida que alcançar a massa crítica de aceitação. Esse processo também gera raiva, frustração, depressão e há um impacto no desempenho organizacional. Conforme mostrado na Figura 4-2, pode-se esperar uma mudança gradual em vez de uma mudança contínua. Mudar os estados de maturidade e o ganho de desempenho organizacional resultante é normalmente uma curva "S", em vez de um caminho contínuo.

Um processo de mudança organizacional eficaz pode reduzir os impactos e, em uma organização madura, pode construir uma ponte do estado Dependente para o estado Independente com um mínimo de impacto, com risco zero de retorno para o estado Dependente. Os estudos de caso apresentados em *Vivendo a Maturidade em Gestão de Ativos* delinearam o estado de maturidade no início e no final da intervenção que ocorreu em cada jornada.

A Gestão de Ativos e a Maturidade na Gestão de Ativos podem ser implementadas a partir de qualquer seção ou grupo dentro de uma organização. Para sustentar as melhorias, deve haver um alinhamento entre a seção ou grupos e uma compreensão de linguagem, modelos mentais compartilhados e processos de tomada de decisão para que a Maturidade na Gestão de Ativos possa ser incorporada em toda a organização.

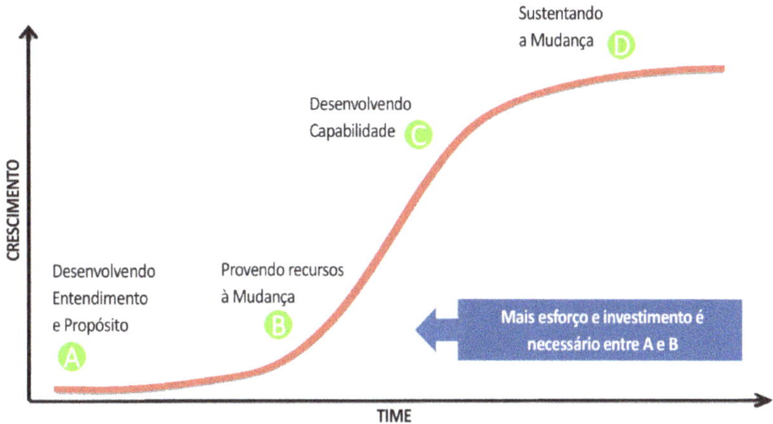

Figura 4-1: Os níveis relativos de esforço em partes diferentes da curva S.

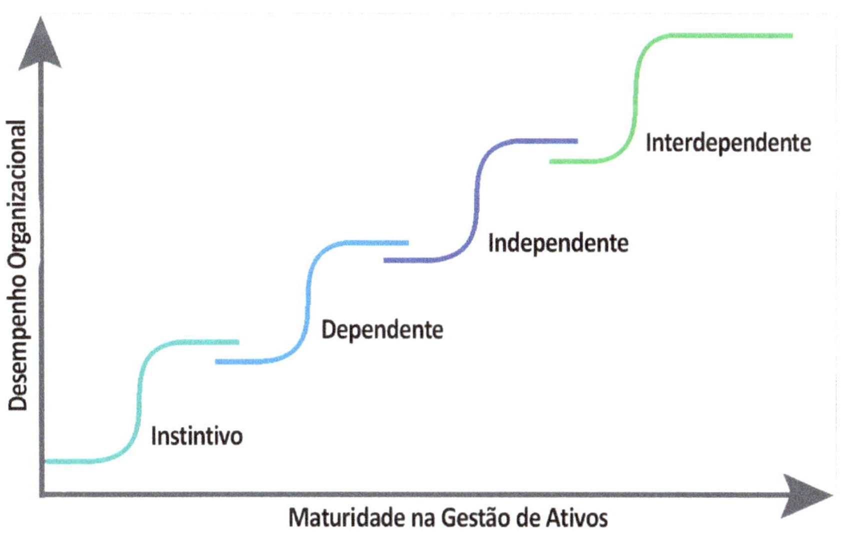

Figura 4-2: Mudança dos estados de maturidade
e ganho de desempenho organizacional.

4.1 CONSIDERAÇÕES IMPORTANTES

Cada implementação da Gestão de Ativos será diferente. Portanto, a jornada de Maturidade na Gestão de Ativos que cada organização realiza será significativamente diferente. A compreensão dos tópicos seguintes é essencial para determinar qual é a jornada a ser feita:

- contexto da organização;

- consideração e compreensão do motivo da decisão de implementar a Gestão de Ativos;

- identificação de qual gerência — executiva ou intermediária — está conduzindo a mudança na Gestão de Ativos;

- velocidade da mudança necessária para atingir os objetivos organizacionais— essa velocidade será altamente condicionada pelo estado atual de Maturidade na Gestão de Ativos da organização;

- experiências de pessoas em funções operacionais e de liderança relacionadas à Gestão de Ativos;

- setor da indústria e sua linguagem comumente usada;

- cultura organizacional atual, incluindo as bases de poder arraigadas e os direitos de decisão existentes;

- grau de mudança que precisará ocorrer;

- quão integrado é o negócio — muitas das funções são terceirizadas ou adquiridas principalmente internamente; e

- desempenho atual da organização — por exemplo, financeiro, saúde, segurança no trabalho, meio ambiente e satisfação do cliente.

Dados esses fatores, é importante, ao usar um suporte externo, determinar a habilidade da pessoa que aconselha sobre o que precisa ser feito. A seleção da pessoa certa para aconselhar pode ser a diferença entre o sucesso e o fracasso na melhoria do desempenho organizacional. A experiência tem mostrado que apenas contratar uma empresa externa para fazer a implementação em uma organização pode falhar. A implementação precisa ser própria e controlada internamente. O apoio externo deve assumir a forma de assessoria. Isso pode variar dependendo da capacidade interna que já existe. A única coisa que deve ser comum é que a capacidade precisa ser incorporada durante o processo e a organização deve ser capaz de continuar a jornada por conta própria. Ao selecionar um parceiro consultivo, são os indivíduos contratados que contribuirão e não a organização. Observe atentamente como eles se saíram pessoalmente no passado e avalie se isso se encaixa na jornada pretendida da organização.

4.2 UMA REFLEXÃO ACERCA DE TRÊS EXPERIÊNCIAS

A seguir está uma reflexão, aprendizados e resultados alcançados ou não alcançados em três implementações de Gestão de Ativos totalmente diferentes da pessoa responsável pelas implementações. Esses exemplos foram extraídos dos últimos 20 anos e destacam as abordagens significativamente diferentes adotadas e uma compreensão do que foi alcançado, do que não foi alcançado e por quê.

4.2.1 A Experiência da Organização Um

A primeira organização tinha os seguintes motivadores:

- baixo desempenho de ativos — incluindo baixa confiabilidade e falhas de alta consequência;

- equipe recompensada por reagir rapidamente às falhas;

- redução de custos em larga escala ao longo de mais de dez anos;

- organização isolada;

- trabalho primariamente interno — os sindicatos eram fortes;

- indústria passando por muitas mudanças impulsionadas externamente;

- equipe operacional altamente competente do ponto de vista técnico e liderança altamente orientada para os custos; e

- baixa confiança dos acionistas.

A implementação na Organização Um começou a partir de uma camada de gerenciamento intermediário. Foi necessário um líder sênior para saber que o desempenho atual não era sustentável e que algo novo era necessário. Uma pessoa, que estava em uma função de gerenciamento de equipe de campo, foi convocada para olhar para fora da organização e da indústria com objetivo de propor o que precisava ser feito para melhorar o desempenho dos ativos e produzir novos padrões de manutenção. Em retrospectiva, esse era um escopo muito estreito e o que aconteceu a seguir foi crítico.

Ao fazer a revisão global em vários setores, tornou-se evidente que realizar mudanças na área de manutenção sem entender como isso se encaixava no contexto organizacional mais amplo não funcionaria. Essa varredura identificou que havia muitas outras organizações que sofriam dos mesmos problemas, nenhuma ligação entre quais ações estavam sendo realizadas em um ativo e como elas eram as mais adequadas para gerir os ativos em todo o seu ciclo de vida. Uma abordagem de Gestão de Ativos foi recomendada e aceita e o imperativo para a mudança foi estabelecido. Essa foi uma abordagem apropriada, pois a organização estava em um estado de maturidade muito baixo. Se a organização estivesse em um estado de maturidade dependente, uma abordagem diferente teria sido necessária.

As apresentações foram feitas para várias camadas de gestão, incluindo o conselho, sobre o que foi proposto. Elas foram calorosamente aceitas e o apoio dos executivos seniores foi estabelecido.

As mudanças alcançadas foram desde a base do estado Instintivo até a ponta inferior do estado Independente. As mudanças no desempenho da organização foram significativas. Os resultados e a satisfação do cliente foram melhorados. À medida que estados mais elevados de maturidade foram alcançados, custos unitários menores foram conquistados por meio de uma compreensão mais profunda das pessoas, dos motivadores de desempenho dos ativos e de uma visão de longo prazo. As mudanças continuaram, apesar de haver várias mudanças de CEO e outros líderes seniores. O principal risco era de que o Estado Independente estivesse apenas começando e, portanto, as melhorias poderiam não ser realizadas, a longo prazo. Conforme mostrado na Figura 4-3.

Figura 4-3: Organização Um, a jornada em direção a Maturidade na Gestão de Ativos.

A Tabela 4-1 fornece uma lista das características relacionadas aos diferentes estágios da jornada em um período de dez anos e a quais estados de maturidade estão associados.

Tabela 4-1: Organização Um, Estados de Maturidade na Gestão de Ativos ao longo de dez anos usando o tangram das áreas de foco

	Começo da Jornada – Instintivo	Após cinco anos – Dependente	Após dez anos – Independente
Partes Interessadas	Sem vínculos com as partes interessadas. As partes interessadas não estavam contentes com o desempenho. As partes interessadas queriam reduzir custos. Não há confiança entre as partes interessadas e a organização.	Dispostos a financiar as melhorias necessárias. Compreensão compartilhada do que era necessário.	Fóruns de consulta às partes interessadas para obter seus requisitos.
Liderança	Reativa. Apenas interessada no desempenho da própria divisão. Reagindo às solicitações das partes interessdas. Diretiva.	Impulsionando a nova direção. Movendo-se para foco nos resultados. Ainda extremamente motivada pela mudança.	Definindo os resultados de cima para baixo. Desdobrando e Delegando para os demais níveis da organização.
Gestão e Governança	Trabalhando em silos. Engenheiros altamente competentes tecnicamente. Não reconhecido por suas habilidades de liderança de pessoas. Sem ligação entre resultados e necessidades financeiras. Nenhuma clareza de quem era responsável pelo que — sem RACI ou similar. Sem relatórios ou vinculação de custo, risco e desempenho.	Resultados medidos, e não apenas atividades. Indicadores proativos e reativos estavam sendo usados.	Boa vinculação da Gestão de Ativos aos objetivos corporativos. Indicadores proativos e reativos em vários níveis. Responsabilidades bem compreendidas. Uma área dos negócios responsável pela Gestão de Ativos. Relatórios vinculados a custo, risco e desempenho. Equipe independente estabelecida para assegurar garantia.

Informação	Má coleta e uso de dados. Os Sistemas de Ativos não são adequados ao uso. Sem ligações entre finanças e desempenho de ativos.	A aprovação para um novo sistema de gestão de configuração para coletar dados adequados à tomada de decisões. Nenhum ativo novo pode ser comissionado sem que os dados de configuração corretos sejam verificados e carregados nos sistemas de TI relevantes.	Novo sistema de TI de gerenciamento de configuração de ativos de Gestão de Ativos instalado. O sistema de ativos vincula as finanças aos ativos. Painéis de bordo usados para monitorar o desempenho.
Processo	Tarefas/atividades foram gerenciadas, e não resultados. Nenhum requisito de desempenho de processos completos.	Padrões de manutenção definidos usando a abordagem FMECA/ MCC. Ações alinhadas aos modos de falha.	Processos completos mapeados e implementados. Alinhamento desde o planejamento até as operações e a manutenção.
Capabilidade do Pessoal	Altamente técnico. Sem perspicácia financeira. Faz somente o que for mandado.	Treinamento do pessoal implementado. Liderança para a Gestão de Ativos. Flexibilidade no orçamento.	Líderes empregados pela capacidade de liderar equipes, e não pela destreza técnica.
Resultados	Resultados ruins para o cliente. Falhas de ativos críticos. Baixo desempenho de segurança.	Grande redução na manutenção corretiva. Orçamentação aprovada para alcançar os resultados necessários.	Cumprimento do desempenho financeiro e orçamentos de desempenho superior. Falhas de ativos reduzidas significativamente.

4.2.2 A experiência da Organização Dois

O segundo exemplo é de uma empresa que tinha três subsidiárias no mesmo setor; cada uma em diferentes estados de maturidade. É importante entender isso, porque as técnicas usadas serão diferentes dependendo do contexto da organização. Os seguintes motivadores estavam em jogo:

- solicitação das partes interessadas por custos reduzidos;

- desempenho dos ativos com variação ao longo das empresas;

- três culturas organizacionais diferentes;

- foco de curto prazo para maximizar valor ao acionista;

- grande programa de mudança com duração máxima de quatro anos;

- redução de custos em larga escala;

- principalmente trabalho interno — os sindicatos eram fortes;

- indústria passando por muitas mudanças impulsionadas externamente;

- estado de Maturidade na Gestão de Ativos majoritariamente dependente; e

- baixa confiança dos acionistas.

Essa implementação começou do topo. Os acionistas das três subsidiárias decidiram reduzir custos e prepará-las para uma possível venda. A estrutura estabelecida implicava que as três subsidiárias seriam conduzidas a partir da sede com uma direção e uma estrutura padrão. Uma área de negócio foi estabelecida como responsável pela abordagem a ser tomada para reformar a direção da Gestão de Ativos, Segurança e Meio Ambiente das três subsidiárias.

A abordagem adotada foi obter maior impacto no desempenho geral das três subsidiárias, com uma equipe muito pequena dirigindo e com as subsidiárias individuais responsáveis pela implementação das mudanças propostas. Isso causou um alto nível de engajamento com as mudanças propostas para criar o compromisso de cada equipe de liderança. O prazo para atingir o resultado foi predeterminado, de forma que os itens a serem implementados precisavam ser priorizados e agilizados.

Uma organização externa foi usada para auxiliar no processo e facilitar muitas das sessões necessárias para obter *feedback* sobre as opções e criar as propostas de mudança. Uma avaliação foi feita em cada uma das subsidiárias para entender seu atual estado de Maturidade em Gestão de Ativos e Segurança. A estratégia de implementação foi diferente para cada um deles. Isso ocorreu porque a cultura de segurança de cada organização era muito semelhante, enquanto a cultura de Gestão de Ativos era diferente. Foi acordado que a implementação deveria mudar a cultura de segurança de uma cultura de conformidade — Dependente — para uma cultura Independente forte, enquanto mudava a cultura inicialmente fraca de Gestão de Ativos para um estágio inicial do estado Independente. Isso é mostrado na Figura 4-4.

A jornada de maturidade da segurança, que não é o assunto central desta publicação, foi comparável à jornada da Gestão de Ativos. Conforme as organizações alcançaram um nível mais alto de maturidade, o desempenho da segurança também melhorou. Tanto a segurança quanto a Gestão de Ativos estão centrados na criação de valor; a segurança cria valor para um indivíduo e a Gestão de Ativos, por sua vez, cria valor para a organização. O objetivo era estabelecer as três subsidiárias com a mesma estrutura para que pudessem ser comparadas para efeito da priorização de investimentos. Lembre-se de que um dos objetivos principais era reduzir custos. A abordagem adotada permitia a colaboração e o envolvimento das equipes de liderança de cada subsidiária, com uma compreensão clara de que a implementação levaria todas as três subsidiárias a um estado final semelhante.

As mudanças alcançadas foram significativas para um período tão curto. Os custos economizados com a jornada de Maturidade na Gestão de Ativos foram maiores do que os almejados originalmente. Além disso, o valor alcançado com a venda das empresas foi significativamente superior ao esperado. Isso destaca o valor que foi criado ao conduzir as três subsidiárias para um estado superior de Maturidade na Gestão de Ativos.

A próxima fase da jornada estava sob uma nova gestão. Os resultados e a satisfação do cliente foram melhorados. Os custos foram reduzidos por meio de Indicadores de desempenho proativos e reativos e da capacidade de comparar o desempenho (*benchmarking*) entre si, incluindo uma compreensão mais profunda das pessoas e dos impulsionadores de desempenho dos ativos. O principal risco para o futuro é a sustentabilidade do estado de Maturidade de Independência para Gestão de Ativos, que se iniciava com os novos proprietários.

A Tabela 4-2 fornece características relacionadas ao início e ao final da jornada conduzida de forma centralizada. A Figura 4-4 mostra com quais áreas de Maturidade elas estão associadas.

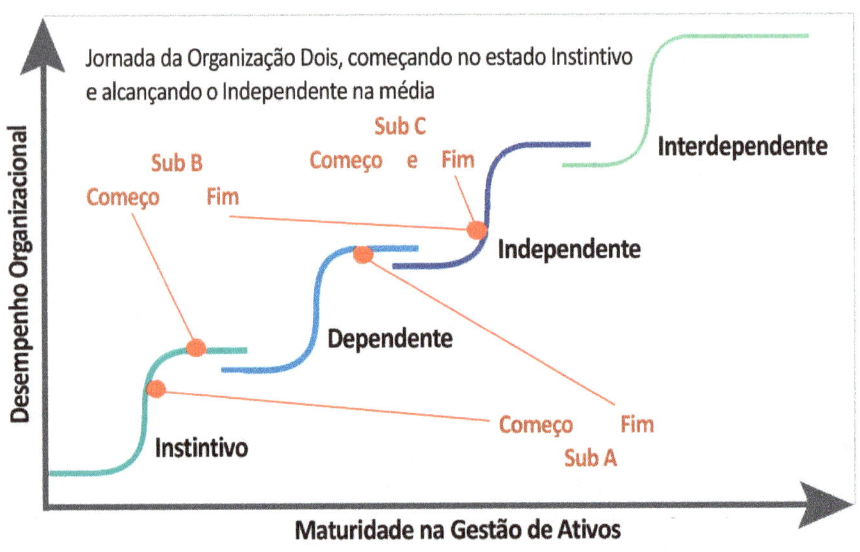

Figura 4-4: Jornada de Maturidade na Gestão de Ativos para as três subsidiárias na Organização Dois.

Tabela 4-2: Estados de Maturidade na Gestão de Ativos para três subsidiárias usando os elementos do tangram

Estados Adaptativos de Maturidade	Começo da Jornada	Fim da Jornada
Partes Interessadas	Conduzindo as três subsidiárias para redução de custos. Insatisfação com o desempenho. Uma nova liderança foi instigada.	Disposto a investir nas melhorias necessárias. Fóruns de consulta às partes interessadas para obter seus requisitos. Satisfação com o valor criado pelas mudanças implementadas.
Liderança	Três culturas muito diferentes. Novos líderes para as funções. Novos líderes nomeados com base em sua capacidade de liderar equipes, em vez das competências técnicas. Responsabilização pela direção estratégica separada da responsabilização pela gestão de linha. Cada organização tinha uma cultura e um ponto de partida diferente.	Definindo os resultados do topo. Impulsionando a nova direção. Investimentos realizados nas atividades de maior valor/ eliminação dos riscos mais elevados. Foco direcionado pelos resultados. Ainda impulsionado por um forte desejo de mudança.

Gestão e Governança	Reestruturado. Diferentes formas de relatórios e estruturas de custos. Difícil se fazer comparações. Resultados variáveis no desempenho. Sem ligação entre resultados e necessidades financeiras. Nenhuma clareza de quem era responsável pelo que — sem RACI ou similar. Sem relatórios consistentes ou vinculação de custo, risco e desempenho.	Boa vinculação da Gestão de Ativos aos objetivos corporativos. Resultados medidos de forma consistente, não apenas medindo as atividades. Relatórios unificados para comparar o desempenho de cada subsidiária com muitos indicadores proativos e reativos. Responsabilizações bem claras. Uma área de negócios lidera a direção estratégica da Gestão de Ativos. Relatórios associando custo, risco e desempenho. Montada a equipe independente para fornecer garantia.
Informação	Diferentes formas de captura e uso de dados. Sistemas de ativos de duas organizações não adequados ao uso. Na maioria das vezes, sem vínculos entre os desempenhos financeiros e operacionais dos ativos.	Mesma base de dados e Informações usadas para comparar o desempenho das subsidiárias. Uma lista única de investimentos priorizados de acordo com risco para as três subsidiárias. Painéis de bordo usados para monitorar o desempenho.

Processo	Tarefas/atividades gerenciadas, não resultados. Conjunto não uniforme de requisitos de desempenho de processos. Uso não uniforme de informação para tomada de decisão.	Processos mapeados e implementados. Alinhamento desde o planejamento até a operação e manutenção. Padrões de manutenção definidos usando a abordagem FMECA/MCC de uma forma comum entre as três subsidiárias. Ações alinhadas aos riscos (modos de falha).
Capabilidade do Pessoal	Variável. Baixa perspicácia financeira. Fazem apenas o que é instruído.	Treinamento de equipe em: • Gestão de Ativos; • Liderança; • Mudança; • Orçamentação. Líderes empregados em sua habilidade de liderar equipes durante a mudança.
Resultados	Necessidade do acionista não atendidas. Resultados ruins para os clientes. Desempenho de segurança estagnado. Gastos frequentemente fora de controle.	Cumprimento dos orçamentos e de desempenho financeiro. Falhas de ativos reduzidas significativamente. Desempenho estratégico e de cada subsidiária conectado. Valor de mercado dos negócios bem acima do esperado. Desempenho melhorando em todas as subsidiárias.

4.2.3 A experiência da Organização Três

O terceiro exemplo é de uma organização que tentou implementar a Gestão de Ativos e falhou. Este é um trabalho em andamento e tem os seguintes motivadores:

- desempenho de ativos inadequado para atender às necessidades dos clientes;

- equipe recompensada por reagir rapidamente às falhas;

- custos não relacionados aos resultados;

- estado de Maturidade para a Gestão de Ativos ainda estava no Estado Instintivo;

- comportamento organizacional em silos;

- centrado no projeto, não no cliente;

- mão de obra interna e externa sendo usadas indistintamente;

- indústria passando por muitas mudanças impulsionadas externamente;

- equipe operacional altamente competente e liderança orientada pelos custos; e

- baixa confiança dos acionistas.

Essa organização tinha várias unidades de negócios que prestavam serviços diferentes e estavam começando a funcionar independentemente. Historicamente, era uma organização centrada em gerenciamento de projetos. Houve tentativas recentes para implementar a Gestão de Ativos, que falharam. A implementação não foi realizada pela gerência de linha, mas em vez disso, dependia de recursos externos apoiados por funções corporativas e estava focada na implementação de um Sistema de Gestão de Ativos normativamente padronizado do tipo ISO 55.001, não na melhoria do negócio. Havia muitas razões para isso, era significavo que qualquer nova tentativa levasse esse ponto em consideração, devido as percepções do pessoal e dos líderes.

A implementação começou quando uma unidade de negócios desejou iniciar a jornada. Em função das percepções do passado em relação a Gestão de Ativos, a nova abordagem foi iniciar a implementação enfatizando os comportamentos necessários, reestruturar e introduzir pensamentos diferentes. Além disso, havia a necessidade de produzir resultados para provar às pessoas que essa abordagem poderia criar melhorias, não apenas produzir mais burocracia.

Após a produção de alguns resultados iniciais positivos, começou o treinamento da Gestão de Ativos. Imediatamente, percebeu-se que era necessário um aumento mais drástico de competência. Um curso sob medida foi ministrado visando as necessidades específicas da organização. O sucesso do treinamento sob medida levou o CEO a solicitar que esse treinamento também fosse realizado com a equipe executiva. Esse foi um momento crucial. O treinamento foi bem recebido e o executivo decidiu implementar a Gestão de Ativos em toda a organização usando a linguagem usual de negócios, em vez da linguagem centrada na ISO 55001, como tentado anteriormente, o que foi essencial para ganhar aceitação.

Um curso personalizado de Gestão de Ativos foi ministrado a centenas de funcionários para garantir que houvesse um entendimento comum a seu respeito. Paralelamente, as pessoas que haviam sido nomeadas para funções-chave com o compromisso de incorporar a Gestão de Ativos na empresa deveriam liderar a mudança, não os consultores externos.

Isso significava que as oportunidades de melhoria de negócios eram o foco principal, e não somente a produção de um Sistema de Gestão de Ativos (SGdA) documentado, embora, em segundo plano, o SGdA estivesse sendo produzido para se alinhar com o que estava sendo implementado. Neste momento, o entendimento estratégico, tático e operacional se fez necessário. Como este é um trabalho em andamento, a Tabela 4-3 mostra os resultados até agora em relação ao Modelo de Maturidade Adaptivo.

Entender o que era necessário entre os diferentes aspectos do Modelo de Maturidade Adaptável e o que precisava ser feito no nível estratégico, tático e operacional, permitiu que a velocidade de implementação fosse aumentada, mas ainda foi preciso passar pelos quatro estados de maturidade.

A Tabela 4-3 contém uma lista das características no início, comparadas à implementação até o momento, observando que isso já vem acontecendo há pouco mais de dois anos.

Tabela 4-3: Organização Três, Estados de Maturidade na Gestão de Ativos ao longo de 2 anos usando os elementos do Tangram

Modelo de Maturidade Adaptativo	Começo da Jornada	Depois de 2 anos
Partes Interessadas	Nova liderança motivada. Insatisfação com os resultados do cliente Buscando economizar.	Fóruns de consulta às partes interessadas para obter seus requisitos. Compreensão compartilhada da Gestão de Ativos, bem como do que era necessário. Disposição em investir nas melhorias necessárias.
Liderança	Reativa. Interessada apenas no desempenho da própria divisão. Reagindo às solicitações das partes interessadas. Diretiva.	No comando da nova direção. Movendo-se para o foco nos resultados. Definição de resultados junto com os gerentes de linha. Delegação de responsabilização para os níveis mais operacionais da organização.
Informação	Coleta e uso de dados inadequados. Os sistemas de ativos não são adequados ao uso. Sem ligações entre o desempenho financeiro e operacional dos ativos.	Dados necessários de ativos identificados. Painéis de bordo usados para monitorar o desempenho.

Gestão e Governança	Atuação em silos. Engenheiros selecionados por competência técnica e não por habilidades de liderança pessoal. Centrado em Gestão de Projeto, e não em Gestão de Ativos. Sem ligação entre resultados e necessidades financeiras. Sem clareza de quem era o responsável pelo que — sem RACI ou similar. Sem relatórios ou vinculação de custo, risco e atuação.	Boa vinculação da Gestão de Ativos aos objetivos corporativos. Indicadores proativos e reativos em várias níveis organizacionais. Responsabilidades e responsabilizações bem compreendidas — RACI feito nos níveis 1, 2 e 3. Medição por indicadores de Resultados, e não apenas indicadores de atividades. Área de negócios liderando a Gestão de Ativos. Relatórios ainda não vinculados a custo, risco e desempenho. Montada equipe independente para fornecer garantia.
Processo	Tarefas / atividades gerenciadas, e não resultados. Nenhum requisito de desempenho de processo.	Processos mapeados e implementados. Alinhamento desde a fase de planejamento até a operação e manutenção.
Capabilidade do Pessoal	Altamente técnico. Sem perspicácia financeira. Age apenas quando instruído.	Líderes contratados por sua habilidade de liderar equipes, e não por proficiência técnica.
Resultados	Resultados de clientes insuficientes. Desempenho variável de ano para ano. Custos mal controlados.	Desempenho financeiro atendendo e superando orçamentos, mas ainda não vinculado aos resultados. Redução de falhas reativas de ativos. Desempenho estratégico e da divisão conectado.

As mudanças alcançadas até o presente, neste exemplo, superaram em muito as expectativas. Isso se deve à abordagem adotada que levou em consideração uma melhor compreensão do estado atual, da cultura e das experiências anteriores. Esse plano não foi implementado como resultado de uma urgência imediata de mudança, mas permitindo um foco na melhoria do desempenho dos negócios em todas as facetas e na incorporação profunda de mudanças. A equipe está sendo avaliada com base na melhoria do negócio, não apenas na implementação. Dessa forma, o Sistema de Gestão de Ativos estruturará os resultados, em vez de ser tratado como o resultado. Ainda há um longo caminho a percorrer nesta jornada, mas a organização mudou rapidamente do estado Instintivo para o estado de Dependente; e as mudanças necessárias para passar para o estado de Independente estão começando a ser implementadas para incorporar as mudanças para o futuro, como ilustrado na Figura 4-5.

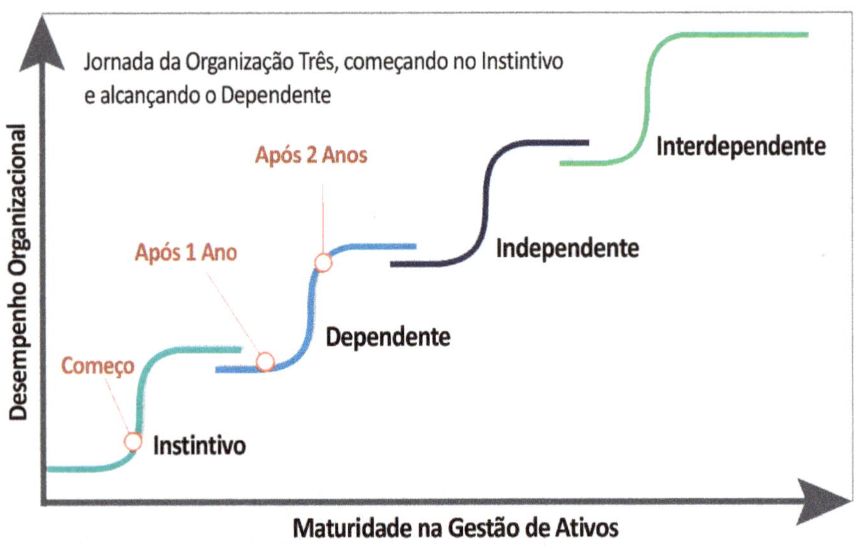

Figura 4-5: A Jornada de Maturidade na Gestão de Ativos percorrida até agora pela Organização Três.

4.3 CONCLUSÃO

Os exemplos explorados anteriormente mostram como cada jornada é diferente. Também ilustram algumas contribuições-chave para o sucesso e o fracasso. Os exemplos também mostram a importância de compreender as diferentes facetas da Maturidade em Gestão de Ativos e por que isso pode ser a diferença entre o sucesso e o fracasso na jornada. A etapa mais importante na jornada em Maturidade em Gestão de Ativos, além da primeira etapa de decidir fazer a jornada, é entender a cultura, a estrutura e os sistemas da organização e, em seguida, determinar o caminho a se seguir.

À medida que uma organização aumenta sua Maturidade na Gestão de Ativos, passando do Instintivo para o Interdependente, haverá:

- aumento dos níveis de Planejamento (P), Monitoramento (C) e Ação (A) em comparação com apenas Fazer (D);

- aumento da clareza e da consciência da Gestão de Ativos de forma holística e em diferentes aspectos;

- aumento do exercício de controle (Garantia); e

- Aumento do Valor entregue.

Um resumo dos conceitos da jornada de maturidade e Gestão de Ativos discutidos no Capítulo 3 e Capítulo 4 é representado na Figura 4-6 usando o Modelo adaptativo de Maturidade na Gestão de Ativos. A proporção da atividade no ciclo PDCA também é explicada.

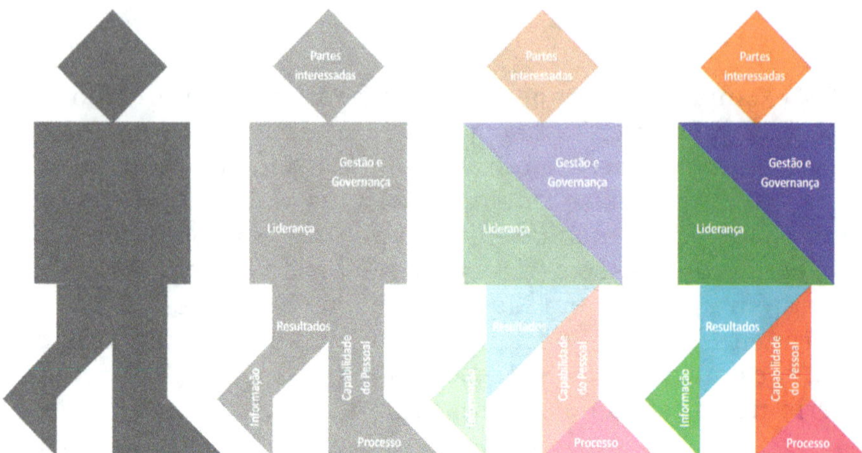

Clareza e consciência da Gestão de Ativos, valores, funções e trabalho em equipe aumentam com o aumento da Maturidade em Gestão de Ativos, e a liderança passa da autocracia para ser compartilhada entre todas os níveis da organização

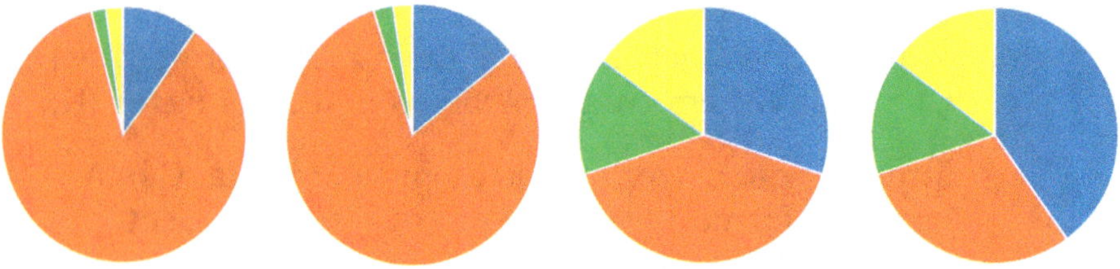

Planejar, Conferir e Agir se tornam mais prevalentes que o Fazer à medida que a organização passa a ter uma maior Maturidade em Gestão de Ativos

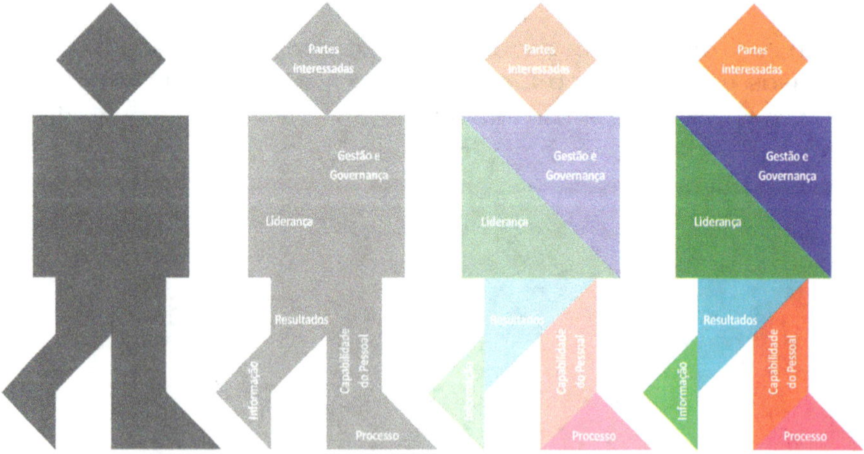

Clareza e consciência da Gestão de Ativos, valores, funções e trabalho em equipe aumentam com o aumento da Maturidade em Gestão de Ativos, e a liderança passa da autocracia para ser compartilhada entre todas os níveis da organização

Figura 4-6: Características de uma jornada de Maturidade na Gestão de Ativos.

CAPÍTULO 5

AVALIAÇÃO DA MATURIDADE EM GESTÃO DE ATIVOS

Há muitos aspectos diferentes a serem considerados ao avaliar a maturidade de uma organização e desenvolver um plano para passar para o próximo nível de Maturidade em Gestão de Ativos e desempenho organizacional.

Um líder precisa entender:

1. o estado de maturidade de sua organização; e

2. as forças de sua organização em termos dos Fundamentos da Gestão de Ativos.

Dos fundamentos apresentados na Tabela 5-1, quão bem a organização os avalia e qual é considerado crítico para lidar neste ponto da jornada da organização?

**Tabela 5-1: A força dos fundamentos
da Gestão de Ativos em uma Organização**

Fundamentos	Resumo da Definição	Força Estimada da Organização
Alinhamento	A convergência ou intenção compartilhada que existe entre os Elementos Organizacionais, incluindo pessoas, processos e tecnologia.	
Garantia	O estado de garantia ou certeza de que o que está planejado será realizado.	
Liderança	Um processo em que as pessoas exercem atributos como carisma, comportamento, poder e autoridade em papéis formais e informais para influenciar outras pessoas a criar e atingir os objetivos organizacionais.	Para ser preenchido por cada organização ou divisão.
Valor	Uma medida dos benefícios que podem ser entregues pelos ativos para satisfazer os objetivos organizacionais conforme percebido pelas partes interessadas.	
Adaptabilidade	A capacidade de uma organização de sentir e responder às mudanças nas expectativas e no contexto das partes interessadas.	

Deve haver uma maneira confiável para avaliar a Maturidade em Gestão de Ativos, mas isso é uma questão complexa. Essa complexidade é impulsionada por problemas associados a:

- identificação exata do que está sendo medido;

- tratamento de questões associadas a requisitos específicos da indústria — questão real em áreas como gerenciamento de projetos e Gestão de Ativos, que são aplicados em uma variedade de setores; e

- determinação sobre como medir a maturidade — algumas abordagens, particularmente aquelas que usam escalas de *Likert* — escalas normalmente usadas para representar o nível de concordância das pessoas (concordo totalmente, concordo, não concordo nem discordo...) com uma declaração relacionada a um tópico, como maturidade em Gestão de Ativos, são propensas a serem tendenciosas.

Este capítulo fornece uma visão geral abrangente da história das ferramentas de avaliação de maturidade, seus pontos fortes e suas fraquezas, e identifica diferentes abordagens para avaliar a Maturidade em Gestão de Ativos.

5.1 A HISTÓRIA DA AVALIAÇÃO DA MATURIDADE EM GESTÃO DE ATIVOS

Os modelos para descrever a maturidade organizacional têm suas origens no Modelo de Maturidade da Capabilidade de Sistemas de informação, descrito pela primeira vez por Watts Humphrey, na década de 1980 (Curtis, 2007). Modelos de maturidade agora são comuns em uma variedade de disciplinas, incluindo gerenciamento de projetos, análise de negócios, gestão do conhecimento, gestão de riscos, liderança e mentoria (Humphrey, 1988) (Rezvani, 2008). A Figura 5-1 mostra a aplicação à segurança de uma escala de maturidade de "cinco níveis" (Reason J., 1990) (Parker, Lawrie, & Hudson, 2006).

Embora tenha havido tentativas anteriores de se estabelecer modelos de Maturidade em Gestão de Ativos como "The Aberdeen Group" (2006), Dixon-Campbell (2006) e com o documento "Declaração do Posicionamento do GFMAM" relativa à Maturidade em Gestão de Ativos (GFMAM, 2015), elas não passam sem observações de melhorais. Algumas críticas a esses modelos se concentraram na falta de uma base teórica para eles, no suporte empírico limitado para os modelos, na falta de sugestões de caminhos alternativos para o sucesso e no foco na maturidade do processo, e não nas pessoas (Asset Management

Council, 2015) (Pöppelbuß & Röglinger, 2011) (Curtis & Alden, 2007) (Bach, 1994).

Um modelo de avaliação de maturidade que é sustentado por uma série de pesquisas teóricas e aplicadas é o modelo de avaliação da maturidade em segurança. Tem-se delineado uma evolução da teoria científica da administração por período significativo, começando com a teoria científica da administração no início do século XX (*Safety Institute of Australia Ltd*, 2012). Nos meados do século XX, avança para gestão comportamental, teoria científica da gestão e, finalmente, teoria dos fatores organizacionais. Esses avanços são relativos à compreensão da ligação entre o comportamento organizacional e o desempenho em segurança — foram incorporados nas avaliações de maturidade realizadas em Saúde e Segurança Ocupacional, e são mostrados nos cinco níveis de cultura de segurança identificado na Figura 5-1 (Parker, Lawrie, & Hudson, 2006).

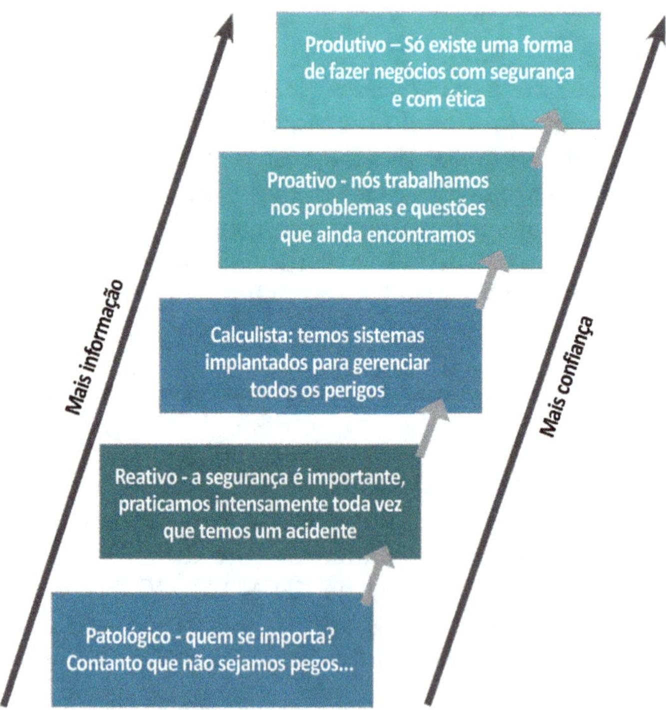

Figura 5-1: Os cinco níveis de cultura de segurança (Parker, Lawrie, & Hudson, 2006).

É importante ressaltar que a ligação entre cultura e maturidade também foi explorada extensivamente no contexto da segurança. O termo cultura de segurança foi supostamente cunhado pela Agência Internacional de Energia Atômica durante a investigação de Chernobyl (Fleming, 2007). Este trabalho descreve como as investigações de incidentes como Texas City Fire (1947), Chernobyl (1986) e Piper Alpha (1988) identificaram que, apesar das salvaguardas técnicas em vigor nesses sistemas, os desastres foram causados pelas ações das pessoas que administram o sistema e conclui que 80 a 90 por cento de todos os acidentes industriais são atribuíveis a fatores humanos.

A aplicação da maturidade no contexto da segurança não se limita apenas a ambientes industriais. A mesma estrutura foi aplicada aos sistema de saúde pública no Reino Unido. A Estrutura de Segurança de Pacientes de Manchester (MaPSaF – Manchester Patient Safety Framework) considerou diversas dimensões da segurança de pacientes e avaliou seu desempenho em cinco níveis, com base nas respostas a um questionário (Universidade de Manchester, 2006).

Não há dúvida de que as lições aprendidas com a segurança são diretamente aplicáveis à Maturidade de Gestão de Ativos. Acidentes organizacionais bem conhecidos relacionados a setores com uso intensivo de ativos, como geração de energia, petróleo e gás, impulsionaram a evolução no entendimento e na melhoria da cultura de segurança. Porém, é importante ressaltar que o objetivo de entender o que já foi feito, especialmente na área de segurança, não é apenas copiar os atributos desses modelos. Trata-se de compreender as etapas pelas quais os fatores humanos estão passando e como a Gestão de Ativos pode atravessá-las sem ter as mesmas dores.

Dos modelos existentes para avaliar maturidade, um foi apresentado como medida da cultura da organização. Neste, maturidade foi definida como a capacidade de uma organização alcançar estabilidade por meio da mudança (Gharajedaghi, 2011) (Wheately, 2006). Esse conceito é mostrado na Tabela 5-2 a seguir. Alta utilização do sistema de gestão e alta possibilidade de atingir os objetivos organizacionais representam a característica de um sistema maduro, em busca da estabilidade por meio da mudança. Uma matriz muito semelhante foi utilizada para identificar os diferentes estágios da cultura organizacional.

Nela, uma organização que alcançou seus resultados, mas tinha baixa utilização de um sistema de gestão, era uma organização 'artesanal', enquanto uma organização alta/alta tinha uma cultura de 'produção' (Wilson, 1989).

**Tabela 5-2: Uma medida de maturidade
em função do uso do sistema de gestão**

		Preocupação com a estabilidade	
		Baixa	**Alta**
Preocupação	**Alta**	Radical	Maduro
com a mudança	**Baixa**	Anárquico	Conservador

Portanto, uma organização que atinge seus objetivos organizacionais e de Gestão de Ativos por meio de seu sistema de gestão é considerada madura. Aquela que obtém lucro porque os preços das *commodities* simplesmente sobem ou caem, tem sorte.

5.2 COMO AVALIAR A MATURIDADE EM GESTÃO DE ATIVOS

A liderança é uma ciência e uma arte e, por isso, é impossível ser totalmente objetivo ao fazer a avaliação da liderança. Uma organização pode parecer adequada de uma forma que não seja exatamente quantificável. Confiança e integridade são extremamente difíceis de medir com uma régua. Da mesma maneira, a avaliação da Maturidade em Gestão de Ativos é, pelo menos em parte, subjetiva.

É importante ressaltar que a melhoria do desempenho também tem embutida uma dimensão temporal. A aplicação dos mesmos critérios de avaliação de Maturidade em Gestão de Ativos por um longo período identifica a jornada que uma organização pode ter percorrido em relação à Gestão de Ativos, e não há garantia de que uma organização tenha melhorado sua maturidade — como diz o ditado, o dicionário é o único lugar em que o sucesso vem antes do trabalho. Conforme o foco organizacional muda por um motivo ou outro, uma organização pode se tornar menos madura na Gestão de Ativos.

As avaliações de maturidade devem servir como diagnósticos qualitativos, e não a finalidades quantitativas. A avaliação com diagnóstico qualitativo pode ser usada para fornecer *feedback* sobre os componentes culturais que afetem o desempenho, visando a melhoria e a aprendizagem do local avaliado. Uma avaliação quantitativa pode fornecer uma medida da cultura relativamente a outras variáveis organizacionais — uma abordagem que compara quantitativamente vários atributos ou dimensões da cultura.

Este capítulo discutirá os seguintes conceitos:

- Elementos lógicos e físicos da Maturidade em Gestão de Ativos, com sugestões de como a Maturidade em Gestão de Ativos pode ser avaliada.

- Aspectos-chave da Maturidade em Gestão de Ativos, incluindo suas dimensões e como ela pode ser medida, traçando claramente as ligações e os conceitos empíricos ou teóricos estabelecidos, lidando assim com muitas das críticas feitas aos modelos de maturidade e ferramentas de avaliação em geral.

- Definição e investigação não apenas sobre a maturidade conforme definida pelos elementos organizacionais que formam a Gestão de Ativos, mas também sobre a integração desses elementos com o contexto organizacional mais amplo, permitindo abordagens tradicionais — sistemas fechados — e mais inovadoras — sistemas abertos (ver Apêndice A). Para avaliar a Maturidade em Gestão de Ativos, as organizações precisam de:

    ◦ um conjunto de categorias/lentes para realizar a avaliação — os capítulos anteriores identificaram uma gama de lentes pelas quais a organização pode ser vista, incluindo:

        i. Elementos Organizacionais;
        ii. Modelos do AMCouncil; e
        iii. Avaliação de maturidade da ABRAMAN (Apêndice B.1)

- ○ um conjunto de estados, mencionados no Capítulo 3.6, com os quais a organização pode ser comparada (Embora as avaliações quantitativa com notas permitam a comparação com outra organização, é importante ressaltar que uma avaliação de Maturidade não é necessariamente um *benchmarking*, mas uma ferramenta para avaliar as categorias/lentes descritas e, a partir desta avaliação, determinar as causas e as estratégias que podem ser aplicadas para melhorar o desempenho); e

- ○ um conjunto de qualidades — palavras que descrevem o que um observador percebe em uma organização ao olhar através das lentes —, lembrando que comparar o conjunto de qualidades percebidas com o conjunto de qualidades prescritas e atribuídas a um estado específico de maturidade permite ao avaliador posicionar a organização de forma mais adequada.

5.2.1 Maturidade em Gestão de Ativos – As lentes

Uma série de lentes explora os aspectos lógicos e físicos da Maturidade em Gestão de Ativos, fornecendo um diagnóstico individual e conjunto das partes, mas também como essas partes se alinham com outras Estruturas de Gestão de Ativos.

Para diminuir a aparente complexidade da Maturidade em Gestão de Ativos, o conceito das lentes permite definir um modelo integrado, bem como representar as diferentes partes desse modelo. Dessa maneira, as partes interessadas podem se concentrar nas questões relevantes que desejam, considerando o contexto da avaliação, embora isso restrinja o que pode ser visto quando comparado ao modelo integrado.

Como são chamadas essas lentes e o que é percebido ao usá-las? O TOGAF (*The Open Group Architecture Framework* – A estrutura aberta de arquitetura de grupos), a Estrutura de Zachman e o GERAM (*Generalized Enterprise Reference Architecture and Methodology* – Metodologia de referência generalizada de arquiteturas para organizações empresariais) contêm definições próprias para as suas lentes.

O Anexo GERAM da ISO 15704 descreveu as lentes com diferentes elementos, tais como funcional, produto e serviço, controle de gestão e de tarefas automatizadas humanas e, cada um desses com uma linguagem própria (ISO 15704 Anexo, 1999). GERAM observou que elementos adicionais podem ser definidos de acordo com as necessidades específicas do usuário e sugeriu o acréscimo de elementos como "ecologia e economia". Uma lente ou elemento pode ser estabelecido para quaisquer preocupações identificadas das partes interessadas. A Estrutura de Segurança de Pacientes de Manchester (MaPSaF), por exemplo, apontou para o sistema de saúde por meio de uma variedade de lentes, uma para cada parte do sistema de saúde, como atendimento de emergência, atendimento primário, sendo cada um deles subdividido em nove ou dez áreas específicas, tais como (University of Manchester, 2006):

- compromisso geral com a melhoria contínua;

- prioridade dada à segurança;

- responsabilidade por erros sistêmicos e individuais;

- registro de incidentes e melhores práticas;

- avaliação de incidentes e melhores práticas;

- aprendizado e realização de mudanças;

- comunicação sobre questões de segurança;

- questões sobre Gestão de pessoal e de segurança; e

- formação, treinamento e trabalho em equipe.

As lentes para a Gestão de Ativos podem incluir os elementos organizacionais mostrados no Capítulo 2.5. Uma parte interessada em compreender o desempenho da Gestão de Ativos de uma organização pode perceber como está o desempenho através das lentes.

- **Lente Ativos/Infraestrutura de negócios** — fornece visão do equipamento que permite a missão da parte interessada. Em uma ferrovia, por exemplo, há material rodante e infraestrutura. A organização também pode possuir Tecnologia de Informação e Comunicação (TIC) e veículos para apoiar suas operações. Uma visão através desta lente identifica o ativo no qual a parte interessada está focada; material rodante, infraestrutura, TIC ou veículos. Quais são os ativos/infraestrutura do negócio? Quantos anos eles têm e em que condições estão? Qual é sua situação de uso e financeira?

- **Lente Elementos Estruturantes** — Qual é a cultura da organização? Como as partes interessadas estão engajadas no negócio e quais são os objetivos organizacionais e de Gestão de Ativos? Eles estão sendo alcançados?

- **Lente Elementos Estruturados** — Existem processos robustos na organização? Ela possui uma estrutura organizacional sólida alinhada aos objetivos e com o número certo de níveis e de controle adequado? O seu pessoal é competente e tem uma abordagem robusta para a gestão de riscos e tomada de decisões?

- **Lentes Gestão e Governança** — Há um monitoramento de desempenho, auditoria e capacidade de melhoria contínua robustos?

O nível de interesse em qualquer uma dessas perspectivas é uma função do papel que as partes interessadas desempenham, como mostra a Tabela 5-3. Em termos gerais:

- As partes interessadas externas podem incluir:

    i. reguladores;
    ii. investidores; e
    iii. sindicatos.

- As partes interessadas internas podem incluir:

    i. alta administração ou gerência sênior;
    ii. gestores de ativos; e/ou
    iii. pessoal da linha de frente.

**Tabela 5-3: Nível de interesse das partes interessadas
pelo elemento organizacional**

		Ativos/ Infraestrutura de Negócios	Elementos Estruturados	Elementos de Governança	Elementos Estruturantes
Externo	Reguladores	Baixo	Alto	Alto	Médio
	Investidores	Baixo	Médio	Alto	Alto
Interno	Alta Administração	Alto	Alto	Alto	Alto
	Gerente de Ativos	Alto	Alto	Médio	Médio
	Pessoal de Chão de Fábrica	Alto	Alto	Baixo	Médio

5.2.2 Maturidade em Gestão de Ativos – As Qualidades

Embora as lentes descrevam o que as partes interessadas podem focar em relação ao desempenho organizacional e da Gestão de Ativos, a questão que fica é: o que é percebido pelas lentes e quais informações são fornecidas sobre a maturidade da organização? Uma qualidade é uma descrição do que o observador percebe quando olha através das lentes. É a materialização de um Fundamento de Gestão de Ativos pela organização e descreve os atributos que seriam percebidos através de uma determinada lente.

Os Fundamentos se aplicam à Gestão de Ativos de duas maneiras:

1. Os Fundamentos se aplicam por e a si próprios. As qualidades de uma organização com uma abordagem

de liderança e cultura maduras podem ser identificadas e descritas. Por exemplo, com o tema segurança, uma cultura imatura pode desencorajar o relato de incidentes ou más notícias e/ou encorajar o relato incorreto do *status* dos projetos. Todos os projetos são relatados como verdes, independentemente de seu *status* real. Isso, geralmente, é evidenciado por previsões de avanço físico que se tornam mais ambiciosas à medida que o final do ano fiscal se aproxima, com as taxas de avanço disparando como um taco de hóquei nos meses 11 e 12 do ano fiscal. Uma organização madura pode reconhecer e considerar a importância da cultura e ter abordagens definidas para os seus elementos. Essa abordagem pode alavancar os aprendizados na cultura de segurança e identificar qualidades de uma cultura informada, de relato, justa, de aprendizagem e flexível (Reason J., 1990). Com mais maturidade, pode-se reconhecer subculturas se formando dentro da cultura principal.

2. Os Fundamentos podem ser aplicados simultaneamente e, na verdade, precisam fazê-lo para atingir um alto estado de maturidade. Cada Fundamento pode ter um impacto na aplicação de outros Fundamentos, conforme mostrado na Tabela 5-4.

Tabela 5-4: O impacto dos Fundamentos uns sobre os outros

Impacto da Liderança e da Cultura sobre
Valor: os processos de liderança garantem a compreensão do que cria valor aos olhos das partes interessadas. Incluem etapas para garantir que a organização está definindo, medindo e entregando valor nos mesmos termos que as partes interessadas os percebem. O papel dos líderes organizacionais é converter a percepção de valor das partes interessadas em objetivos organizacionais e de Gestão de Ativos.

Garantia: os processos de liderança são desenhados para criar um ambiente no qual a transparência e a responsabilidade sejam incentivadas. O sistema de gestão, os processos e a estrutura organizacional são desenhados para garantir que um resultado correto seja entregue, não apenas para atender as exigências de um órgão regulador. A estrutura de medição é concebida para permitir a antecipação de problemas, e não encorajar o pensamento de "está tudo bem e não há nada a se preocupar aqui".

Alinhamento: os processos de liderança incluem avaliação constante do grau de alinhamento interno. Isso inclui trabalhar com as partes interessadas para garantir que os objetivos organizacionais e de Gestão de Ativos estejam alinhados e que a estrutura organizacional seja ajustada para o que a organização precisa alcançar. A liderança deve considerar o alinhamento nos níveis estratégicos, táticos e operacionais.

Adaptabilidade: os processos de liderança incluem mecanismos para monitorar fatores externos que podem invalidar as suposições que sustentam o paradigma operacional atual. Também identificam e avaliam o impacto desses fatores e até que ponto uma mudança no mercado de fornecedores, cliente ou contexto externo pode impactar a organização. A liderança em si é adaptável, pois ela é específica ao contexto e pode ter que delegar temporariamente poder para aqueles que estão mais informados sobre um determinado assunto.

Impacto do Valor sobre

Garantia: a estrutura de garantia está ligada a como a organização define e entrega valor. Os indicadores-chave de desempenho usados para rastrear o desempenho estão claramente vinculados à forma como as partes interessadas da organização percebem valor. Além disso, a estrutura de auditoria identifica áreas onde há risco significativo para a criação de valor e garante que as auditorias sejam direcionadas a essas áreas.

Alinhamento: há uma ligação clara entre como o valor para a organização é percebido pelas partes interessadas e o que é medido em toda organização. Todas as pessoas sabem como sua contribuição está alinhada aos objetivos organizacionais. Os principais indicadores de desempenho são monitorados, não porque sejam fáceis de medir, mas porque são importantes para a organização atingir os resultados desejados.

Adaptabilidade: a organização reconhece que as mudanças no ambiente externo impactam em como as partes interessadas percebem valor. A medição do valor está ligada a mudanças de contexto e são sempre atualizadas com as mudanças nas expectativas das partes interessadas à medida que surgem.

<table>
<tr><td colspan="1">Impacto da Garantia sobre</td></tr>
<tr><td>Alinhamento: todas as atividades de garantia estão alinhadas aos objetivos organizacionais. O programa de garantia tem uma quantidade apropriada de redundância para fornecer confiança na avaliação, mas não a ponto de criar excesso de auditoria.</td></tr>
<tr><td>Adaptabilidade: um grau ótimo de garantia é compreendido e refletido pela liderança e pela gestão da organização. A estrutura de garantia precisa levar em conta que é adaptável às mudanças necessárias. O equilíbrio inerente de garantia de pessoal e processos fornece uma plataforma eficaz para a Adaptabilidade — responder versus reagir.</td></tr>
<tr><td colspan="1">Impacto do Alinhamento sobre</td></tr>
<tr><td>Adaptabilidade: a combinação de Alinhamento e Adaptabilidade fornece o vínculo crítico entre a mudança de contexto e as atividades da organização. Juntos, eles garantem que o sistema de Gestão de Ativos seja consistente com o ambiente externo em constante mudança.</td></tr>
</table>

5.3 MATURIDADE EM GESTÃO DE ATIVOS — JUNTANDO AS PONTAS

As seções anteriores discutiram lentes, estados e qualidades, exemplificando como esses três componentes são reunidos para criar uma "imagem" de maturidade. Cada uma das tabelas (Tabela 5-5, Tabela 5-6, Tabela 5-7 e Tabela 5-8) apresenta o estado de maturidade — Interdependente | Independente | Dependente | Instintivo —, através da lente Fundamentos — Adaptabilidade | Alinhamento | Garantia | Liderança | Valor — e as qualidades associadas aos Elementos organizacionais descritas nas células da tabela.

Tabela 5-5: Qualidades do elemento organizacional estruturante

Fundamentos	Interdependente	Independente	Dependente	Instintivo
Adaptabilidade	Os líderes capacitam a organização para sentir e responder a fatores internos e externos de maneira proativa e em tempo hábil.	Os líderes reconhecem fatores internos e externos e encorajam aqueles responsáveis a sistematizar as respostas para tratar desses fatores.	Os líderes estão cientes dos fatores externos e direcionam uma resposta a eles. Os líderes veem sintomas de fatores internos e reagem a eles.	Os líderes reagem a eventos e sintomas que se acredita terem ocorrido, ou não respondem de forma alguma. Os líderes, muitas vezes, introduzem mudanças para resolver eventos sem consciência dos requisitos ou do contexto.
Alinhamento	Os requisitos das partes interessadas são implicitamente consideradas e comunicadas. Há Alinhamento horizontal e vertical da organização exibida por comportamentos cooperativos entre suas diferentes funções.	Os requisitos das partes interessadas são explicitamente reconhecidos e articulados. Há um Alinhamento vertical da organização que é exibido por meio de relatórios acordados entre as funções que dão suporte à entrega.	As entregas das partes interessadas são compreendidas e esclarecidas por meio de acordos formais. Há um Alinhamento limitado dentro da organização, que é gerido por meio de relatórios entre as funções de cima para baixo.	Os líderes são focados internamente, com pouca ou nenhuma consciência de quem são suas partes interessadas ou o que elas exigem.
Garantia	Os líderes empoderam as pessoas a implementar melhorias com base em análise crítica dos fatores internos e externos e empoderam os tomadores de decisão para garantir que os requisitos sejam atendidos.	Os líderes apoiam funções para alcançar um estado combinado de independência em suas atividades. As melhorias do sistema levam em consideração fatores internos e externos.	Os líderes esperam que as funções proporcionem um estado de conformidade esperado em suas atividades. As melhorias do sistema são reativas aos requisitos dos líderes.	Os líderes não têm consciência de seu papel na identificação do nível de confiança necessário para que os resultados sejam alcançados.

Liderança	Os estilos dos líderes são consistentes com os requisitos das partes interessadas e as necessidades da organização. Os Fundamentos e controles da Gestão de Ativos são assumidos pelo grupo como convicção.	Os estilos dos líderes estão alinhados com os requisitos das partes interessadas e as necessidades de desempenho da organização. A organização adota os Fundamentos da Gestão de Ativos.	Os estilos dos líderes estão alinhados com os requisitos das partes interessadas e direcionam as necessidades de entrega das respectivas funções.	Os líderes têm uma cultura reativa do tipo "faça o que você precisa para sobreviver", muitas vezes apoiada por um estilo de liderança autoritário/diretivo.
Valor	Os líderes determinam o equilíbrio desejado de custo, risco e desempenho e a estrutura de tomada de decisão associada.	Os líderes se esforçam para alcançar o equilíbrio desejado de custo, risco e desempenho com um viés de custo e desempenho. O Risco é considerado dentro da respectiva divisão ou função de negócios.	Os líderes reconhecem o equilíbrio desejado de custo, risco e desempenho com um viés de custo e desempenho. Os resultados esperados são direcionados de cima para baixo.	Os líderes têm uma "cultura de cumprir o orçamento" com pouca ou nenhuma consciência de como os recursos trabalham juntos para atender às necessidades dos negócios.

Tabela 5-6: Qualidades do Elemento Organizacional de Governança

Fundamentos	Interdependente	Independente	Dependente	Instintivo
Adaptabilidade	A alta administração possui uma estrutura de responsabilidade para a tomada de decisões.	A alta administração possui uma estrutura de processos que apoia seus fluxos de valor e como eles são alterados para refletir as mudanças nos requisitos das partes interessadas.	A alta administração tem procedimentos estabelecidos para seus fluxos de valor. As alterações são desencadeadas por não conformidade.	A alta administração não procura alterar os objetivos organizacionais e da Gestão de Ativos, caso os ambientes interno ou externo mudem.

Alinhamento	A alta administração comunica o contexto de negócios no qual as equipes operam e se autocoordenam para alcançar suas necessidades comerciais.	A alta administração comunica o foco que as equipes precisam para operar e auxiliar na sua coordenação para atingir objetivos.	A alta administração comunica como as equipes precisam operar e gerenciar suas atividades visando atingir objetivos.	A alta administração permite que as decisões sejam tomadas em silos, em todos os elementos da organização. Não há coordenação das tomadas de decisão de maneira vertical ou horizontal.
Garantia	A alta administração capacita equipes multifuncionais para estabelecerem suas próprias abordagens no que se refere à tomada de decisões, melhorias e planejamentos.	A alta administração apoia um sistema de gestão para alcançar uma tomada de decisões que seja alinhada.	A alta administração determina um sistema de gestão para encaminhar suas exigências.	A alta administração não realiza nenhuma tentativa de definir elementos-chave do sistema de gestão da organização. Não há um monitoramento de desempenho.
Liderança	A alta administração revisa continuamente os acordos implementados por suas equipes para apoiar os comportamentos aprovados.	A alta administração possui um sistema de gestão em vigor para fornecer e aprimorar os comportamentos organizacionais.	A alta administração possui um conjunto de regras em vigor para direcionar a conformidade e influenciar os comportamentos organizacionais.	A alta administração não possui controle sistemático, governança ou padrões de comportamento esperados.

| Valor | A alta administração capacita equipes multifuncionais para estabelecerem suas próprias abordagens para alcançar as necessidades de garantia da organização. | A alta administração possibilita a gestão de desempenho e uma estrutura de tomadas de decisão para alcançar os objetivos da organização | A alta administração direciona a gestão de desempenho e as tomadas de decisão para atender aos seus parâmetros operacionais. | A alta administração não possui o conceito e nem a definição das necessidades de garantia da organização. |

Tabela 5-7: Qualidades do elemento organizacional estruturado

Fundamentos	Interdependente	Independente	Dependente	Instintivo
Adaptabilidade	As equipes são empoderadas e procuram responder às mudanças em tempo hábil.	As equipes têm processos e capabilidades que suportam uma resposta apropriada às mudanças.	As equipes têm procedimentos e competências que suportam mudanças funcionais.	As equipes não têm uma abordagem consistente para a mudança e são reativas, com base no interesse próprio.
Alinhamento	As equipes entendem e identificam suas próprias competências e capabilidades e se auto-organizam para atender às novas demandas do negócio.	As equipes trabalham com a alta administração para determinar as estruturas apropriadas para entregar os resultados.	As equipes contam com a alta administração para determinar a estrutura correta para atender à entrega operacional.	As equipes realizam o trabalho com base na experiência e trabalham em silos sem processos definidos, com poucas funções organizacionais acordadas em vigor.

Garantia	As equipes trabalham em um conjunto integrado de processos de negócios vinculados às funções organizacionais. As equipes têm autonomia para alterar os processos e funções organizacionais para atender aos requisitos da empresa.	As equipes trabalham com uma estrutura acordada de processos de negócios vinculados às áreas funcionais. Essas equipes são incentivadas a desafiar os processos e funções organizacionais para atender aos requisitos organizacionais.	As equipes trabalham com um conjunto de processos de negócios vinculados a funções. As equipes podem recomendar a realização de mudanças.	As equipes não têm processos definidos que fornecem confiança para atingir as expectativas, nem esses processos fornecem uma produção medida ou definida. Os papéis organizacionais são mal definidos.
Liderança	As equipes têm autonomia para avaliar, reconhecer e recompensar com base no desempenho organizacional.	As equipes são incentivadas a se autoavaliar e são reconhecidas com base no desempenho organizacional e funcional.	As equipes são avaliadas com base no desempenho funcional e na conformidade.	As equipes são recompensadas pela gestão reativa à crise. O estilo de liderança pode ser autoritário ou diretivo.
Valor	As equipes projetam, implementam e melhoram um conjunto integrado de processos de negócios para atingir os objetivos organizacionais em constante mudança.	As equipes operam e se aprimoram em uma estrutura de processos de negócios para atingir os objetivos organizacionais.	As equipes operam dentro de uma estrutura de processos de negócios para atingir os objetivos funcionais locais.	Não há ligação entre os principais processos de negócios, funções organizacionais ou objetivos de negócios. Objetivos de negócios pode não ser documentado e/ou ser de natureza qualitativa.

Tabela 5-8: Qualidades dos elementos organizacionais dos Ativos/Infraestrutura de negócios

Fundamentos	Interdependente	Independente	Dependente	Instintivo
Adaptabilidade	Pessoas: funções, responsabilidades e desempenho associado são continuamente ajustados para atender às necessidades futuras. Ativos Físicos: o desempenho é continuamente ajustado para atender às necessidades futuras. Sistema de Gestão de Ativos: o desempenho é continuamente ajustado para atender às necessidades futuras.	Pessoas: responsabilidades e níveis de desempenho associados são acordados conforme necessário para atender às necessidades atuais e futuros. Ativos Físicos: são alterados para refletir as necessidades de negócios atuais e futuros. Sistema de Gestão de Ativos: é alterado para refletir as necessidades de negócios atuais e futuros.	Pessoas: funções e responsabilidades e níveis de desempenho associados são definidos de cima, conforme necessário, para atender às necessidades atuais. Ativos Físicos: mudanças são aprovadas pela administração para refletir as necessidades atuais do negócio. Sistema de Gestão de Ativos: mudanças são aprovadas pela gestão para refletir as necessidades atuais do negócio.	Pessoas: há pouco ou nenhum entendimento de que funções e responsabilidades devem estar vinculadas à realização das necessidades de negócios em constante mudança. Ativos Físicos: não há entendimento de que o desempenho deve mudar para refletir as mudanças nas necessidades de negócios. Sistema de Gestão de Ativos: não há entendimento da necessidade de um Sistema de Gestão de Ativos estruturado.

Alinhamento				
	Pessoas: mudanças nas funções e nas responsabilidades podem ser vinculadas às necessidades do negócio. A norma é que a mudança na estrutura da organização ocorra de forma orgânica, para atender às necessidades do negócio. Ativos Físicos: mudanças no desempenho podem ser vinculadas aos objetivos organizacionais. A norma é fazer mudanças no desempenho dos ativos e/ou nos ativos para atender às necessidades dos negócios. Sistema de Gestão de Ativos: mudanças no desempenho podem ser vinculadas aos objetivos organizacionais. A norma é fazer mudanças no Sistema de Gestão de Ativos para atender às necessidades do negócio.	Pessoas: funções e responsabilidades estão vinculadas à realização das necessidades de negócios atuais e futuros. Ativos Físicos: o desempenho está vinculado à realização das necessidades de negócios atuais e futuros. Sistema de Gestão de Ativos: sua função está ligada à gestão custo, risco e desempenho.	Pessoas: mandatos de gestão, funções e responsabilidades para a realização das necessidades atuais do negócio. Ativos Físicos: a gestão determina que o desempenho dos ativos atenda às necessidades atuais do negócio. Sistema de Gestão de Ativos: demandado pelos gestores.	Pessoas: funções e responsabilidades não estão vinculadas à realização das necessidades do negócio. Ativos Físicos: o desempenho não está vinculado à realização das necessidades do negócio. Sistema de Gestão de Ativos: a função do Sistema de Gestão de Ativos não é formalizada nem vinculada às necessidades do negócio.

Valor	Pessoas: alcançam consistentemente seus objetivos no contexto de atender às necessidades de negócios em constante mudança. Ativos Físicos: alcançam seu propósito no contexto de atender as necessidades de negócios em constante mudança. Sistema de Gestão de Ativos: alcança seu propósito no contexto de atender às necessidades de negócios em constante mudança.	Pessoas: alcançam o propósito acordado no contexto de atingir as necessidades do negócio. Ativos Físicos: alcançam sua finalidade no contexto de atender às necessidades dos negócios. Sistema de Gestão de Ativos: alcança seu propósito acordado no contexto de atender às necessidades dos negócios.	Pessoas: são direcionadas para alcançar resultados determinados pela administração conforme necessário. Conformidade é alcançada aleatoriamente. Ativos Físicos: na melhor das hipóteses, só alcançam resultados determinados pela administração conforme necessário. Conformidade é alcançada aleatoriamente. Sistema de Gestão de Ativos: na melhor das hipóteses, atinge apenas os resultados determinados pela administração conforme necessário. Conformidade é alcançada aleatoriamente.	Pessoas: não há ligação entre o que a organização deve alcançar e o propósito da estrutura organizacional. Ativos Físicos: não há vínculo entre o que a organização deve alcançar e qualquer objetivo de Gestão de Ativos. Sistema de Gestão de Ativos: não há vínculo reconhecido entre a finalidade do Sistema de Gestão de Ativos e as necessidades do negócio.
Liderança	Pessoas: são motivadas pela exigência de atingir a necessidade do negócio. Ativos físicos: nulos. Sistema de Gestão de Ativos: nulo.	Pessoas: são motivadas pelos líderes para atender às necessidades do negócio. Ativos Físicos: nulos. Sistema de Gestão de Ativos: nulo.	Pessoas: são orientadas pelos gestores para melhorias no desempenho dos ativos. Ativos Físicos: nulos. Sistema de Gestão de Ativos: nulo.	Pessoas: não sentem necessidade de mudar. Ativos Físicos: nulos. Sistema de Gestão de Ativos: nulo.

Garantia	Pessoas: o desempenho, as funções e as responsabilidades da organização são monitoradas em todos os seus elementos para melhorar a certeza do desempenho futuro. Ativos Físicos: o desempenho é monitorado para melhorar a certeza do desempenho futuro. Sistema de Gestão de Ativos: o desempenho é monitorado para melhorar a garantia de desempenho futuro.	Pessoas: funções e responsabilidades são determinadas por aqueles a quem foi delegada a responsabilidade e monitoradas em relação ao cumprimento das necessidades de negócios atuais e futuras. Ativos Físicos: o desempenho é monitorado e ajustado por aqueles com responsabilidades delegadas, e monitorado contra a realização das necessidades de negócios atuais e futuras. Sistema de Gestão de Ativos: seu desempenho é monitorado e ajustado por aqueles com responsabilidades delegadas e monitorado em relação ao cumprimento das necessidades de negócios atuais e futuras.	Pessoas: funções e responsabilidades são determinadas pelos gestores e monitoradas em relação ao cumprimento das necessidades atuais de negócios. Ativos Físicos: o desempenho é monitorado e ajustado pelos gestores mediante a realização das necessidades do negócio atual. Sistema de Gestão de Ativos: seu desempenho é monitorado e ajustado pelos gestores para atender aos requisitos atuais.	Pessoas: funções e responsabilidades não são monitoradas em relação ao cumprimento das necessidades do negócio. Ativos Físicos: o desempenho não é monitorado em relação ao cumprimento das necessidades do negócio. Sistema de Gestão de Ativos: Seu desempenho não é monitorado.

5.4 COMPREENDENDO ORGANIZAÇÕES INDIVIDUAIS

Como as qualidades são determinadas para organizações individuais? Mais uma vez, o gerenciamento de segurança fornece vários *insights* sobre os mecanismos para determinar as qualidades de uma organização. As abordagens para determinar as qualidades de uma organização incluem:

- Comparação quantitativa em relação a um conjunto acordado de indicadores de desempenho.

- Identificação da afinidade com uma figura de linguagem. MaPaSaF fornece um conjunto de qualidades para cada uma das lentes e permite que as pessoas identifiquem com qual qualidade estão mais fortemente identificadas. Este é então o estado da organização para aquela lente.

- Trabalho de Fleming — que se originou de petróleo e gás —, usando uma combinação de:

  i. opiniões de especialistas;

  ii. entrevistas estruturadas;

  iii. questionário de autopreenchimento por sorteio; e

  iv. auditoria externa.

- Questionários. Esta é provavelmente a abordagem mais comum. Envolve fazer várias perguntas ao entrevistado e usar suas respostas para mapear as qualidades de uma determinada seção e, portanto, fornecer uma pontuação (Reiman & Oedewald, 2004). É também a abordagem adotada no Modelo de Maturidade em Gestão de Ativos do AMCouncil da Austrália. Eles tendem a eliminar o preconceito associado a pessoas que desejam se elevar nas notas, escolhendo uma qualidade que é mais alta do que poderia ser.

- Perfil de Cultura Organizacional (PCO). A Força de Defesa Australiana usou o PCO para avaliar a cultura (Fidock & Talbot, 2008). O PCO contém 54 declarações de valores escritas em cartões que descrevem genericamente valores individuais e organizacionais. Os participantes são convidados a colocar os 54 cartões em uma distribuição normal que representa a frequência com que essa declarações ocorrem na organização.

5.5 QUALIDADES TÍPICAS DE ORGANIZAÇÕES, PARA DIFERENTES ESTADOS DE MATURIDADE

Existem muitos aspectos diferentes a serem considerados ao avaliar a maturidade de uma organização e desenvolver um plano para evoluir para o próximo nível de Maturidade e desempenho organizacional. A maneira como os Fundamentos de Gestão de Ativos pode ser usada de maneira independente e combinada ajuda a destilar a maturidade em seus componentes. Combinado com as lentes e qualidades, dá uma dica valiosa de por que a organização está atuando de uma determinada maneira. Ele também destaca os aspectos do próximo nível de maturidade.

As descrições dos diferentes níveis de maturidade neste capítulo devem fornecer informações suficientes às organizações que desejam atingir níveis mais elevados de maturidade. Isso pode ser feito através da elaboração de plano de ações detalhado, atrelado ao resultado desejado. Essas tabelas fornecem um refinamento da opinião dos autores de que a qualidade representa essencialmente para cada elemento organizacional:

- o estado de maturidade de uma organização; e

- a força da organização em termos dos Fundamentos da Gestão de Ativos.

Adicionalmente, essas tabelas podem ser usadas para estimar qual é o estado atual de maturidade de uma organização.

CAPÍTULO 6

ESTUDO DE CASO: AVALIAÇÃO DA MATURIDADE DA CULTURA DE SEGURANÇA

Existe uma correlação entre os resultados de segurança e os estados de Maturidade em Gestão de Ativos. Quanto mais próximos todos os níveis hierárquicos estavam no estado Interdependente, menor a taxa de acidentes registráveis.

6.1 INTRODUÇÃO

Este estudo de caso foca em como a liderança e a cultura podem ajudar as organizações a lidar com seus principais problemas de Gestão de Ativos. Um desafio de Gestão de Ativos em indústrias de alto risco é atender aos requisitos das partes interessadas em relação à Saúde, Segurança e Meio Ambiente (SSMA). O lado técnico dessas questões é desafiador e complexo, mas pode ser resolvido usando uma abordagem de gestão adequada. Embora o fator humano seja menos desafiador do que a tecnologia, é mais complexo em termos de liderança e cultura, porque as pessoas podem optar por não cumprir ordens, regras ou procedimentos. Para alcançar a conformidade, as organizações devem usar uma abordagem mais sutil, como influência e sugestões. Para tanto, as ferramentas à disposição dos gestores são a liderança e a cultura, tratadas na Maturidade em Gestão de Ativos pelo Fundamento da 'Liderança'. Organizações maduras quanto à segurança chegaram a essa conclusão e criaram ferramentas para avaliar o desempenho de funções como liderança e cultura. Uma dessas ferramentas é a Avaliação de Maturidade da Cultura de Segurança (AMCS).

O objetivo da AMCS é avaliar como as pessoas percebem e agem ou se comportam sob a influência das funções de liderança e cultura no trabalho. Essa avaliação é totalmente influenciada pelo conjunto de perguntas, mas pode ser uma maneira eficaz de receber *feedback* das pessoas sobre essas funções. A AMCS foi realizada em três unidades diferentes em anos diferentes; e, aplicada para que a alta direção, ou equipe de liderança, recebesse um *feedback* sobre como os valores utilizados pela liderança foram percebidos após um ano da sua gestão na unidade.

A AMCS forneceu informações valiosas sobre os valores, comunicação de *feedback*, percepções das pessoas sobre a eficácia do sistema de gestão implantado, bem como o comportamento sob sua influência.

Isso se baseia na:

- definição de cultura — como as coisas são feitas aqui;

- cultura como um conjunto de valores e artefatos compartilhados por um grupo de pessoas; e

- cultura como hábitos (Hardwick & Lafraia, 2013).

Também se baseia nas definições de liderança, aquela que afirma que liderança é a maneira de usar o poder para influenciar as pessoas a resolver conflitos, promover o trabalho em equipe e alcançar resultados. Saber como as pessoas estão lidando com essas questões permite avaliar a função Liderança.

As questões da AMCS visam monitorar a compreensão, o alinhamento e o comprometimento, através da avalição de como estão sendo usados os artefatos de segurança.

Pode-se argumentar que isso é subjetivo e dependente da equipe pesquisada. Para contrariar tal argumento, considere as palavras do poeta português Fernando Pessoa: "Navegar é preciso, viver não é preciso." Em português, preciso significa exato ou necessário. A navegação depende de astronomia, matemática, trigonometria, ou seja, das ciências exatas, enquanto viver depende da subjetividade.

Conformidade é diferente de excelência. Conformidade pode significar fazer o que se é pedido, pois é uma obrigação. Excelência pode significar comprometimento, ir além do padrão e da obrigação, ir até o limite do desempenho, porque as pessoas acreditam e valorizam o que está sendo feito.

6.2 CONSIDERAÇÕES SOBRE A PESQUISA

A AMCS envolveu o preenchimento de uma pesquisa em forma de questionário com questões objetivas, que buscou avaliar o estado cultural da organização. O questionário foi respondido por amostragens em todos os níveis hierárquicos. Entrevistas também foram conduzidas no formato de grupo de foco para discutir questões abertas não cobertas no questionário. Os resultados foram apresentados à liderança da organização com o objetivo de se estabelecer um plano de ação para aprimorar a maturidade da cultura de segurança.

Antes de selecionar as questões objetivas da pesquisa, tendo os elementos e os fundamentos de segurança como base, alguns problemas relacionados ao questionário foram abordados. Isso incluiu duração do preenchimento, público-alvo, convite para participação, tempo para respostas abertas, método de aplicação, como os dados seriam analisados e o anonimato dos participantes.

Uma primeira consideração no desenho da pesquisa foi convencer a organização de que os resultados seriam significativos, anônimos, compartilhados e que ações seriam tomadas em relação ao resultado, caso fosse apropriado. O modo como isso seria realizado dependia do tamanho e do escopo da pesquisa. Era comum na organização a simples comunicação às partes interessadas de que uma pesquisa seria feita, sem tratar do seu conteúdo e de como os dados seriam usados. Devido ao tamanho da pesquisa e à população da organização, uma equipe de coordenação foi montada para apoiar os líderes da pesquisa.

Havia uma tendência na organização de se reunir o máximo de dados técnicos possível para analisar, avaliar, tirar conclusões e tomar as melhores decisões. No entanto, nesta pesquisa, a fonte de dados são as pessoas. Se demorar muito para preencher o questionário da pesquisa, as pessoas não participarão ou não pensarão muito para dar suas respostas. Uma boa regra é manter a duração do preenchimento entre 20 e 30 minutos, com 45 minutos sendo o máximo, de modo que uma pessoa média possa completá-lo. Dependendo do tipo de perguntas, considere que uma pessoa pode levar entre 30 segundos e 1 minuto, em média, para respondê-la. Claro, os participantes podem ser forçados a participar, mas essa abordagem já pode ser um bom indicador da cultura de segurança da organização.

Outra consideração importante da pesquisa foi a identificação do público-alvo: alta e média gerência, supervisores e força de trabalho incluindo funcionários administrativos, técnicos e executantes. Para cada grupo, desejava-se medir o alinhamento das ações relativas à segurança. Para garantir a participação, esses grupos foram convidados a preencher um questionário impresso, em um local específico, com horário previamente informado para cada participante. Integrantes da equipe de coordenação da pesquisa realizaram a sua aplicação, esclarecendo as dúvidas levantadas pelos participantes.

6.3 DESENHO DA PESQUISA

Como acontece com qualquer boa pesquisa, o seu desenho foi fundamental para o levantamento de dados. Portanto, conforme sugerido em *Os sete hábitos de pessoas altamente eficazes*, comece com o fim em mente (Covey S., 1989). Neste contexto, primeiro defina o objetivo da pesquisa e, em seguida, defina as suas questões.

Existem muitos indicadores-chave de processo de segurança que são usados para monitorar a saúde dos sistemas de segurança (Forest, 2010). O Centro de Segurança de Processos Químicos (CCPS - *Center for Chemical Process Safety*) publicou recentemente as Diretrizes para Indicadores de Segurança de Processos (CCPS, 2010; CCPS, 2007). Exemplos de indicadores incluem o "número de itens pendentes de Análise de Riscos de Processo", "número de itens de auditoria vencidos", "tempo dispendido nas várias fases da gestão de mudanças" e muitos outros. Se os dados contidos em indicadores são importantes e fazem parte do objetivo, eles devem ser coletados. No entanto, lembre-se de que esse tipo de dado objetivo apenas permite fazer inferências sobre uma cultura de segurança ao identificar lacunas no sistema de gestão.

6.4 SELEÇÃO DAS PERGUNTAS

Foram elaboradas 49 perguntas para determinar o estado atual da Maturidade da Cultura de Segurança, usando os Elementos Organizacionais, conforme descrito no Capítulo 2.5, e os fundamentos de segurança. Fundamentos de segurança usados para preparar as perguntas:

- liderança pelo exemplo e comprometimento visível;

- foco na gestão através da cultura;

- foco em sistemas e processos;

- responsabilidade de linha das gerências;

- foco em pessoas competentes e comprometidas;

- estabelecimento de uma organização livre de acidentes e falhas;

- foco no aprendizado e melhoria contínua;

- estabelecimento de uma cultura justa;

- padrões elevados;

- estabelecimento de garantia e governança da Gestão de Ativos;

- foco no Sistema de Gestão de Ativos;

- participação no desenvolvimento e na operação do sistema;

- indicador-chave de desempenhos operacionais e estratégicos alinhados;

- consistência do propósito e implementação de processos de gestão.

O livro *Vivendo a Gestão de Ativos* descreve esses fundamentos em cada um dos estados de desenvolvimento cultural de uma organização.

Houve perguntas sobre:

- Liderança – 11 questões:

    i. Compromisso dos gestores.

    ii. Políticas e princípios.

    iii. Metas, objetivos e planos.

    iv. Procedimentos da liderança e padrões de desempenho.

- Estrutura – 8 questões:

    i. Responsabilidade da linha.

    ii. Responsabilidade pela segurança pessoal.

    iii. Integração da Estrutura organizacional.

    iv. Motivação e reconhecimento.

- Processos – 9 questões:

    i. Comunicação efetiva.

    ii. Treinamento e desenvolvimento.

    iii. Investigação de acidentes.

    iv. Auditorias comportamentais e/ou observações de padrões de segurança.

- Sistema de Gestão de Segurança – 21 questões:

    i. Elementos do sistema de gestão.

6.5 DESENHO DAS PERGUNTAS

As questões foram elaboradas usando a escala Likert de cinco pontos (Tabela 6-1) para medir o nível de concordância ou discordância com os dados subjetivos. O nível de concordância é medido pela seleção das seguintes opções: concordo totalmente, concordo, não concordo nem discordo, discordo ou discordo totalmente.

Os participantes foram solicitados a avaliar seu nível de concordância com a questão. Enquanto a seleção de perguntas permitiu aos organizadores da pesquisa separar objetivamente os dados em Elementos Organizacionais, a escala Likert os permitiu analisar objetivamente princípios subjetivos como alinhamento e comprometimento.

Ao projetar questões com a escala Likert, não é recomendado misturar perguntas objetivas com abertas.

Muitas pessoas preferem dar a sua opinião de maneira espontânea, por isso, quando encontram questões no formato Likert, elas podem ficar frustradas por não ter a oportunidade de dizer o que realmente pensam. Assim, foi recolhido um segundo questionário com questões abertas para coletar comentários, sugestões e críticas.

**Tabela 6-1: A escala utilizada para medir
a maturidade da Cultura de Segurança**

Minha Unidade tem visão, missão e plano estratégico de segurança de processo documentados										
Totalização das Respostas						Porcentagem das Respostas				
Discordo Totalmente	Discordo	Não Concordo nem Discordo	Concordo	Concordo Totalmente	Total	Discordo Totalmente	Discordo	Não Concordo nem Discordo	Concordo	Concordo Totalmente
4	7	15	26	8	60	7%	12%	25%	43%	13%

6.6 DESENHO DA PESQUISA

Os seguintes elementos foram estebelecidos como parte da pesquisa:

1. Comunicação prévia às partes interessadas de que a pesquisa seria realizada.

   i. O que é AMCS?

   ii. Quais são os objetivos da AMCS?

   iii. Quais são os produtos resultantes desse trabalho?

   iv. O próprio questionário para Avaliar a Maturidade da Cultura de Segurança.

A aplicação da pesquisa foi feita por amostras estatisticamente representativas de 20% a 30% da lotação de cada área. Os dados foram coletados para permitir comparações entre áreas e níveis hierárquicos. A Figura 6-1 mostra como foi feita a amostragem em todo organograma da Unidade. Os participantes foram selecionados aleatoriamente e convidados a responder o questionário impresso, com a supervisão da equipe de coordenação, que, mais uma vez, explicou o objetivo da pesquisa.

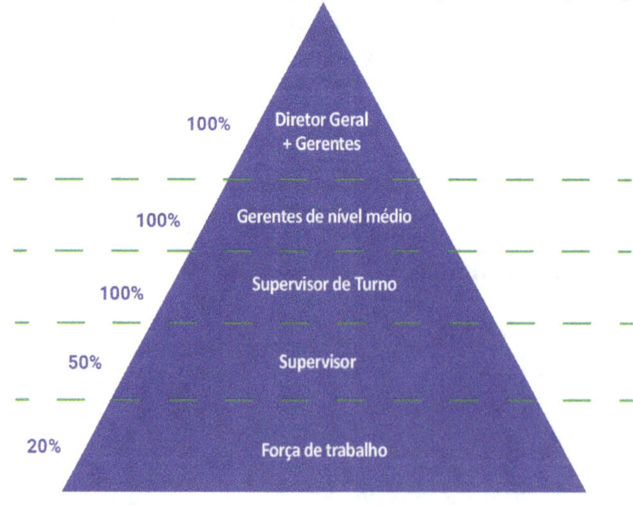

Figura 6-1: Processos de amostragem em toda a estrutura organizacional

6.6.1 Entrevistas e grupos de foco

Além da aplicação dos questionários, foram feitas:

- entrevistas com a alta direção com duração média de 90 minutos; e

- constituição de três grupos focais organizados por "locais de trabalho" com funcionários próprios – média de duas horas por grupo. Os grupos focais visavam confirmar os achados extraídos da pesquisa e, também, coletar sugestões para a melhoria dos elementos, fundamentos/princípios e práticas. A equipe de coordenação formulou previamente várias perguntas abertas para abordar os pontos fracos e recomendar ações de melhoria a serem revisadas no workshop de alinhamento da Liderança.

6.6.2 Workshop de alinhamento da liderança

Vários workshops foram realizados com o objetivo de:

- analisar criticamente dos resultados da AMCS;

- analisar os principais aspectos positivos;

- levantar oportunidades de melhoria;

- identificar pontos fortes e principais barreiras para implementação das recomendações de melhorias;

- definir plano de ação para implantação das melhorias identificadas como "oportunidades";

- estabelecer um processo de comunicação para apresentação dos resultados e plano de ação à força de trabalho.

Número de participantes dos workshops:

- Aproximadamente 15 a 20 participantes (liderança formal e funções-chave).

6.6.3 Relatório de Maturidade da Cultura de Segurança do Processo de Melhoria

Compilação de dados do processo, incluindo gráficos, comentários da pesquisa, liderança, conclusões e recomendações específicas decorrentes do processo.

6.6.4 Comunicação da força de trabalho

O resultado da AMCS e o plano de ação foram, então, submetidos à força de trabalho, servindo para demonstrar o comprometimento visível da liderança com as questões de segurança. As questões buscaram avaliar valores, comportamentos e atitudes presentes na organização, bem como questões relacionadas aos Elementos Organizacionais da maturidade da cultura de segurança.

6.7 ANÁLISE DE DADOS

Uma análise objetiva dos dados foi feita somando o número de respostas em cada categoria e convertendo em porcentagem por categoria (Figura 6-2). A análise gráfica posterior dos percentuais foi apresentada para discorrer o padrão das respostas de cada questão, por locais de trabalho e níveis hierárquicos para cada questão, fundamento e elemento de segurança. A Figura 6-3 exemplifica os dados na forma de um gráfico de teia de aranha.

Análises como essas foram feitas para cada questão. Como cada pergunta já estava separada por fundamento e elementos organizacionais, os gráficos foram produzidos por local e nível hierárquico. Uma planilha do Microsoft Excel foi usada para manipular as respostas, calcular as porcentagens e representar graficamente os resultados.

Porcentagem	Liderança				Estrutura				Processo				Total				Sistema de Gestão			
	Inter	Ind	Dep	Ins	Inter	Ind	Dep	Ins	Inter	Ind	Dep	Ins	Inter	Ind	Dep	Ins	Inter	Ind	Dep	Ins
Alta e Média Gerência	51	33	8	9	49	38	5	8	62	30	3	4	54	34	6	7	40	30	4	2
Supervisor	44	34	12	9	40	47	9	4	52	35	8	5	46	38	10	6	31	33	8	3
Força de Trabalho	17	22	12	48	22	46	15	17	19	37	18	26	19	32	15	38	14	26	15	9

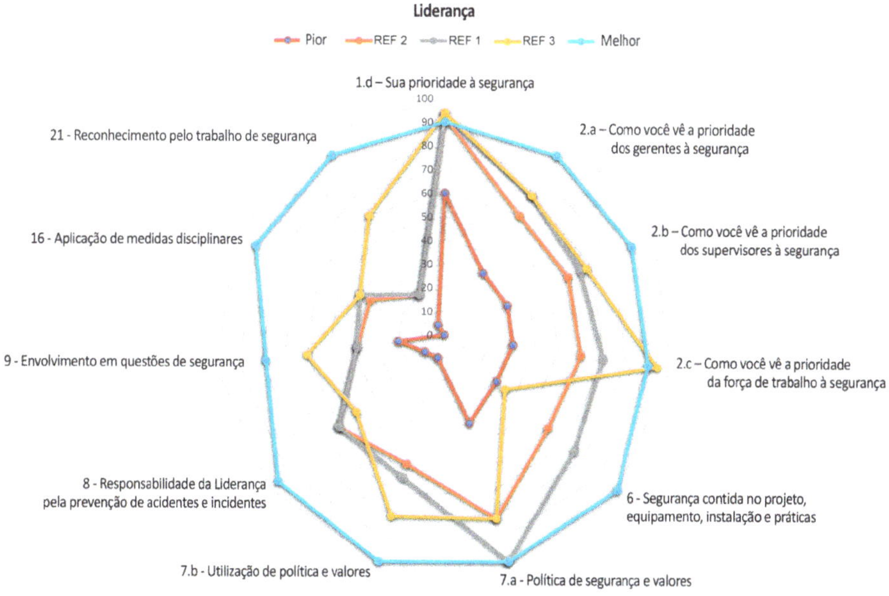

Força   **Satisfatório**   **Fraqueza**

Figura 6-2: Amostra de análise de dados

Uma vez que as tabelas foram criadas, a análise gráfica pode ser feita. Para uma escala Likert, gráficos de teia de aranha foram usados para representar visualmente o percentual de cada resposta por pergunta, por unidades ou nível hierárquico, atrelada a qualquer estado ou fundamento desejados. A Figura 6-3 mostra um exemplo de gráfico para o Fundamento Liderança com as respectivas perguntas.

Figura 6-3: Gráfico de teia de aranha de resultados por nível hierárquico

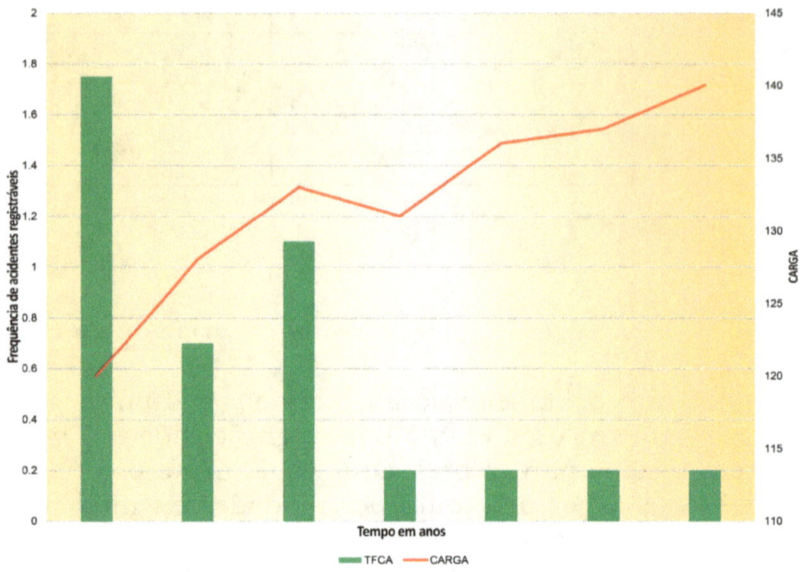

Figura 6-4: Resultados da Unidade 1

6.8 QUALIDADES DA AVALIAÇÃO DE MATURIDADE EM GESTÃO DE ATIVOS

Unidade 1

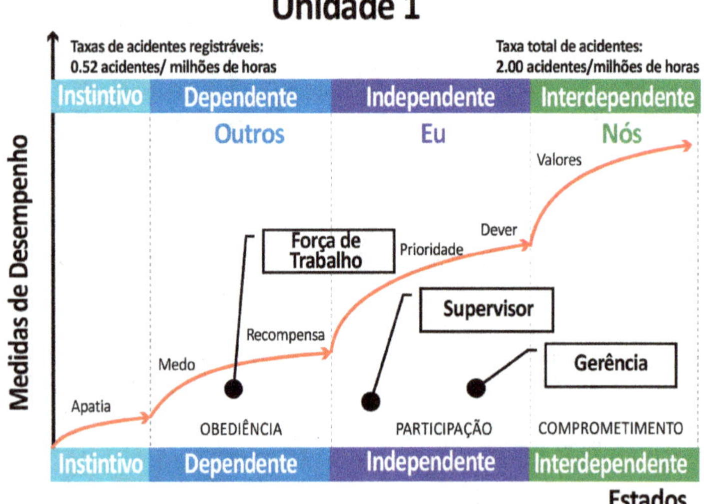

Figura 6-5: Estado de Maturidade da Unidade 1

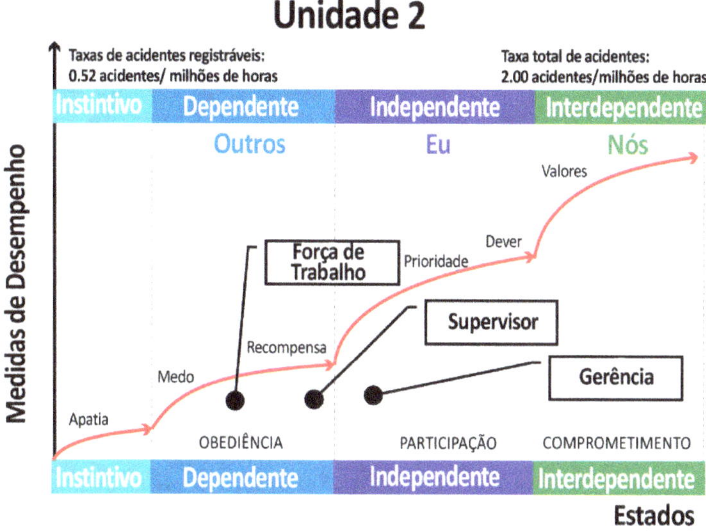

Figura 6-5: Estado de Maturidade da Unidade 2

Com base nos dados coletados, foi possível levantar o estado médio de maturidade de cada nível hierárquico e de cada unidade. Todos esses dados referem-se ao mesmo período de implantação das práticas descritas no *Vivendo A Gestão de Ativos*.

A análise de interpretação dos resultados da Figura 6-5, por exemplo, mostra que na Unidade 1, a gerência e os supervisores já estavam no estado independente, enquanto a força de trabalho estava no estado dependente. Esta unidade também teve o melhor indicador de desempenho de segurança, em termos de Taxa de Acidentes Total e Taxa de Acidentes Registráveis.

A partir da comparação dos dados entre as três Unidades, algumas conclusões puderam ser tiradas sobre os pontos fortes de cada uma com base nos cinco Fundamentos (Tabela 6-2).

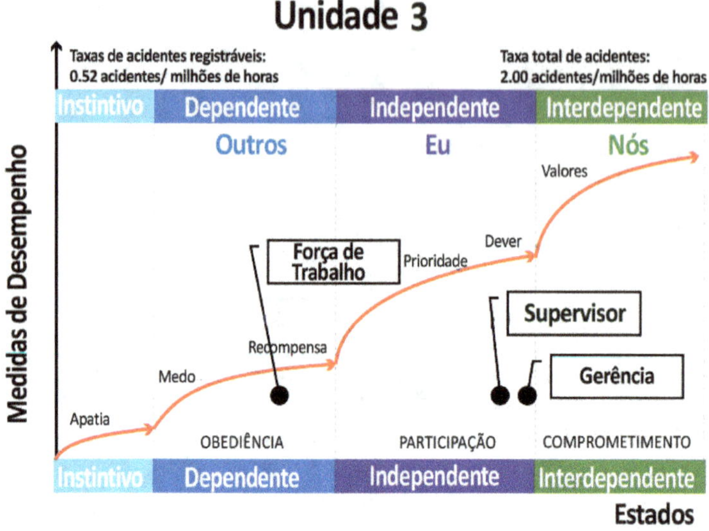

Figura 6-7: Estado de Maturidade da Unidade 3

6.9 CONCLUSÕES

Uma das principais conclusões deste trabalho é que há uma correlação entre os resultados de segurança e os estados de Maturidade em Gestão de Ativos. Quanto mais próximos os níveis hierárquicos estavam do estado Interdependente, menor a taxa de acidentes registráveis.

A Jornada de Maturidade da Segurança de cada Unidade provavelmente começou com a equipe de gestão e supervisão no estado de maturidade cultural Dependente. Nas unidades (1 e 3) em que Liderança e cultura evoluíram juntas e ficaram mais próximas ao estado Independente, os resultados de segurança foram melhorados de forma mais significativa. Apesar do esforço para melhorar os resultados, essas Unidades têm uma jornada significativa para elevar toda a sua equipe ao nível de maturidade cultural Interdependente. Pela experiência dos autores, isso só pode ser feito investindo nas características de liderança que permitem que a interdependência se torne cultural na organização.

É bom destacar que os programas de Segurança fazem parte do esforço da organização na busca pela excelência e os dados aqui apresentados são de um período de três anos. Antes de implementar o programa de segurança descrito neste estudo de caso, a organização já havia passado por uma melhoria em seus equipamentos e instalações e pela implementação de um sistema de gestão de SSMA robusto. Essas etapas, que não são o escopo deste estudo de caso, envolvem investimentos em procedimentos, melhoria de equipamentos, treinamento e conscientização.

Tabela 6-2: Força de cada elemento dos Fundamentos

Fundamento	Resumo do fundamento	Força da sua organização
Alinhamento	Alinhamento ou intenção compartilhada que existe entre os Elementos Organizacionais, incluindo pessoas, processos e tecnologia.	A pergunta "Qual é a sua prioridade para a segurança" mostra o maior alinhamento, enquanto "Como você vê a prioridade da força de trabalho para a segurança" mostra uma grande dispersão — desalinhamento (Figura 6.3).
Garantia	Estado de garantia ou certeza de que o resultado planejado será alcançado.	As análises apontam para a necessidade de revisar a adequação de todas as práticas de segurança da Unidade.
Liderança	Processo no qual as pessoas exercem atributos como carisma, comportamento, poder e autoridade, em funções formais e informais, para influenciar outras pessoas a criar e atingir os objetivos organizacionais.	As unidades 1 e 3, gestores e supervisores já se encontravam no estado Independente, enquanto a força de trabalho se encontrava no estado Dependente. Os supervisores da Unidade 2 estavam no estado Dependente. Em todas as Unidades, a força de trabalho estava no estado Dependente.

Valor	Benefícios que podem ser entregues pelos ativos para satisfazer os objetivos organizacionais requeridos pelas partes interessadas.	A Unidade 3 teve uma "taxa de acidentes registráveis" muito mais baixa, seguida pela Unidade 1. As Unidades 1 e 3 são aquelas em que supervisores e gerentes estão no mesmo estágio cultural, bem com as que apresentam os melhores resultados de segurança.
Adaptabilidade	Capacidade de uma organização de sentir e responder às mudanças nas expectativas e no contexto das partes interessadas.	Não considerado no momento de realização deste estudo de caso.

CAPÍTULO 7

16 SEMANAS DE REALINHAMENTO DE NEGÓCIOS USANDO OS FUNDAMENTOS DA GESTÃO DE ATIVOS

Simples: apoiar o Alinhamento e a Garantia com uma visão do final do jogo e empoderar os trabalhadores para definirem "o que é certo" e "como se parece aquilo que é bom".

7.1 CONTEXTO

Quando uma organização se propõe o objetivo de incutir e /ou revigorar a Gestão de Ativos, se depara com desafios como alinhamento, capabilidade, capacidade, sistemas, pessoas e, claro, pressões do mercado. Uma boa Gestão de Ativos invoca cenários de manutenção, operações, confiabilidade, modelos de custo de ciclo de vida e outras ferramentas necessárias para atingir o equilíbrio desejado de custo, risco e desempenho. A cultura organizacional é a cola que mantém uma boa Gestão de Ativos integrada e que sustenta os resultados pretendidos.

Os padrões ISO 5500x fornecem dois documentos principais para estabelecer uma organização de Gestão de Ativos —uma visão geral e fundamentos da Gestão de Ativos. Apesar de serem ótimos documentos, permanece a questão: Como abordar uma jornada de Gestão de Ativos, especialmente quando a organização é considerada imatura em muitas disciplinas da Gestão de Ativos? O desafio é saber por onde começar; e, um desafio ainda maior, como pedir opinião sobre por onde começar.

Este estudo de caso compartilha uma abordagem que levou uma organização disfuncional, com uma cultura de buscar culpados, para uma organização estruturada e que busca reconhecimento das pessoas. A duração dessa missão era de 16 semanas e, embora o destino fosse racionalmente alcançável, a cola para manter a equipe unida durante a jornada ainda estava se firmando; iria requer liderança adicional para solidificar e transformar o trabalho em benefícios sustentáveis.

7.2 PREPARANDO A CENA

A Fábrica de Processamento da *Acme* (FPA) tem mais de 70 anos. Ela passou por vários proprietários, modelos de negócios, modelos operacionais e, como resultado, sua própria identidade foi um tanto fragmentada. Seu pessoal foi dividido por eventos anteriores relacionados a sindicatos e ações sindicais, vendas, condições de trabalho e remuneração. Para agravar as questões culturais e de clima, há funcionários com mais de trinta anos de experiência em conflito com funcionários determinados mais jovens com cinco a dez anos de serviço.

A condição da fábrica pode ser bem descrita como "uma unidade com ataduras para mantê-la unida". Não existe uma estratégia acordada sobre reinvestimento, os operadores maltratam os equipamentos e os mantenedores não concluem as tarefas de acordo com o padrão. Isso criou uma cultura de "culpar, negar e justificar".

Em relação aos estados de Maturidade em Gestão de Ativos, a organização estaria posicionada em algum lugar entre o Instintivo e o Dependente. Cada função fazia o que era necessário para sobreviver, mas quando algo não saía como planejado, se tornavam dependentes, inclinados para a culpa e negação, em vez de focar nas lições aprendidas e na admissão dos erros. Em parte, isso ocorreu devido aos vários modelos de negócios que geravam comportamentos orientados por indicadores locais, em vez de orientados para os resultados. A segurança era a única exceção.

O atual proprietário é uma empresa estrangeira que comprou o negócio com 50 por cento do investimento financiado por capital de risco. Os valores asiáticos tradicionais eram subservientes aos retornos de capital de curto prazo buscados pelos acionistas. Havia uma tensão cultural impulsionada de cima para baixo pelo retorno do investimento e uma cultura, de baixo para cima, de longo prazo, causando exagerada complacência e insubordinação entre esses níveis hierárquicos. Divergência descreveria melhor as tensões exibidas.

Não havia sistemas explícitos. Havia culpa e tensões negativas fluindo por toda a empresa. Ousar e mencionar as palavras "Gestão de Ativos" encerraria qualquer jornada antes de começar.

A abordagem para a reversão dessa situação precisava ser por meio dos fundamentos, ao invés de regras e procedimentos. A jornada tinha que permitir que a organização se recompusesse, ao invés de dispender energia para impulsionar os negócios. Seria necessário equilibrar "Recompensa e Punição".

A beleza dos fundamentos é que eles são agnósticos, não prescritivos e, quando fornecidos às pessoas em cada contexto, permitem identificar rapidamente o modelo mental e a maturidade de uma organização.

Existem quatro fundamentos destacados na ISO 55000: Alinhamento, Garantia, Liderança e Valor. Para uma pessoa comum, essas são apenas palavras com pouca ou nenhuma conexão com seu dia de trabalho. Para iniciar essa jornada, Alinhamento e Garantia foram os dois fundamentos selecionados. A equipe de liderança recebeu isso com certa incredulidade. Comentários como "Ótimo, com certeza funcionará!" foram discutidos já que qualquer *feedback* era valioso para a jornada de alinhamento.

Olhando para dois dos Fundamentos isoladamente: Garantia seria fazer o que deveria ser feito e Alinhamento seria fazer juntos em colaboração ou convergência. Essas foram as definições fornecidas à empresa na primeira semana.

7.3 OBSERVAÇÕES INICIAIS

Ao observar as equipes da manutenção realizando seu trabalho, notou-se que recebiam diariamente uma lista de tarefas que prescrevia o que precisava ser feito. No próximo dia, elas recebiam o próximo conjunto de tarefas e assim por diante. Quando um líder de equipe foi questionado: "O que acontece com as tarefas que não são concluídas?" Ele disse: "Simplesmente são deixadas para trás, e esperado que elas sejam reprogramadas no próximo ciclo de Planejamento, quando tentamos concluí-las novamente". Essa resposta refletia a maturidade da organização.

Neste exemplo, os operadores relataram que havia falta de mão de obra e que as pendências de manutenção estavam aumentando. A resposta coletiva foi: "Sim, está correto. Quando algo quebra, chamamos a equipe dedicada de emergência de manutenção e eles consertam". Naquele momento, tornou-se evidente que não havia apenas uma ausência de alinhamento entre a alta administração e a força de trabalho, mas também não havia nenhuma consideração do que era necessário. Na verdade, o orçamento e a quantidade das equipes de manutenção foram desenhadas para reagir às quebras, em vez de realizar uma manutenção preventiva eficaz.

Tendo estabelecido que o Fundamento Garantia não estava presente, o Fundamento Alinhamento foi testado. Tomando o problema do parágrafo anterior, a questão tanto para manutenção quanto para operações era: "Por quanto tempo vocês acham que a unidade continuará ganhando dinheiro se permitirmos que o risco cresça diariamente?". A questão foi levantada para desafiar ambos os lados, mas o interessante é que as áreas de engenharia e de suprimentos entraram na discussão informando que suas funções estavam bem e que isso era um problema das áreas de operação e de manutenção.

O Alinhamento foi o tema principal da segunda semana. A partir desse momento, duas pessoas da empresa foram convidadas para todas as reuniões de manutenção e um representante da manutenção estaria nas reuniões da operação. As equipes não deveriam ficar na defensiva com os *feedback* recebidos, e tanto clientes internos quanto externos foram convidados.

Antes, porém, de implantar essa estratégia, o executivo da fábrica — também proprietário e operador do ativo —, foi consultado. Embora estivesse de acordo com a abordagem, não estava totalmente engajado.

Com medo e apreensão, os representantes da equipe de manutenção participaram das reuniões operacionais. Mesmo assim, ficou mais fácil explorar o que seria melhor para a empresa, em geral.

Foi surpreendente como os operadores expressaram bem o que queriam. Não era mais recurso ou mais manutenção, mas sim respeito básico. Eles sentiram que o cuidado havia diminuído, mas também reconheceram que era parte culpa deles quando somente priorizaram o cumprimento do orçamento.

Quando a Manutenção e a Operação se uniram e se comprometeram a compartilhar os resultados, a colaboração mudou do estado Instintivo e Dependente para o estado Interdependente. O problema era que, sem acreditar e fazer acontecer o Fundamento Garantia e Liderança situacional, esses momentos de grande engajamento duravam pouco e eram reativos, apenas para resolver um problema e não para abraçar uma oportunidade.

7.4 O PONTO MÉDIO

A essa altura, a maior parte do pessoal da fábrica estava discutindo tanto o importante quanto o urgente. Nessa fase da jornada começou o estabelecimento de indicadores. O risco aqui foi perguntar aos clientes internos o que era valor para eles. O que eles precisavam medir em vez do que queriam medir? Estavam cansados de indicadores reativos, mas ainda não estavam confiantes em passar a usar indicadores proativos.

O primeiro indicador começou a medir o planejamento da demanda de serviços de manutenção. Ficou claro que a não conclusão dos serviços programados ainda era aceito como "bem, da próxima vez, teremos mais sorte". É aqui que a jornada se tornou muito interessante. Isoladamente, as operações estabeleceram onde eles viram os riscos da fábrica. A manutenção fez o mesmo exercício, usando uma abordagem de criticidade e, para a agradável surpresa da fábrica, 80% dos riscos foram os mesmos. Isso era exatamente o necessário para realinhar a função de planejamento.

No meio das 16 semanas, o aumento deliberado de pessoal de engenharia e de suprimentos, em reuniões para decisões de programação, foi recebido com sentimentos mistos. Por um lado, certas funções de negócios questionaram sua necessidade de estar presente, enquanto, por outro lado, sua presença foi capaz de diluir a tensão entre operação e manutenção e explorar questões subjacentes mais amplas. O desafio era explicar como a engenharia e o suprimento tinham considerações que pudessem auxiliar na manutenção e nas operações. Grande parte da causa dos problemas apontava para a falta de planejamento. A repercussão infeliz foi que o departamento de planejamento era o responsável pelas falhas no planejamento, mas, na verdade, o processo de programação mascarava questões mais profundas da organização.

Como muitas organizações, os limites entre o planejamento e a programação tornaram-se confusos. Foi acordado que o planejamento tratava do "que" e do "como", e a programação, de "quando" e de "quem". Essa definição foi bem aceita, mas o desafio surgiu quando se tornou necessário determinar os papéis e os responsáveis por cada função. A relação de confiança entre as funções estava prestes a ser testada, porque as equipes locais estavam escondendo estoques e capacidade de produção, mantendo sobressalentes e, na maioria das vezes, selecionando o trabalho que lhes convinha com base nas preferências pessoais. O desafio seria estabelecer indicadores para tornar isso visível a todos na fábrica. As equipes e seus líderes foram avisados de que haveria um período de transição, mas quando os fatos viessem à tona, após esse período, a tolerância seria zero. Todas as equipes, exceto uma, aceitaram o desafio e baixaram as barreiras de defesa, o que, aos olhos dos operadores, foi um ato nobre que fortaleceu o relacionamento interno. A única equipe que não aceitou passou por muita dor, porque seus membros queriam mudar, pois viam as outras equipes se unindo enquanto a deles estava desmoronando. Um novo líder surgiu devido ao reagrupamento interno da equipe, o que foi um sintoma de coragem e liderança por parte dessa equipe.

7.5 O PONTO FINAL

Com indicadores em vigor, usando painéis de gestão à vista, a equipe passou do comportamento defensivo para o autodesafio. As funções que não tinham equipe dedicada a cada processo operacional da fábrica começaram a nivelar e distribuir as programações de trabalho entre os diversos processos operacionais e se orgulhar de atender às necessidades de seus clientes internos. Os indicadores-chave de desempenho (KPIs) eram o painel do veículo das funções não dedicadas, enquanto os processos operacionais utilizavam os indicadores-chave de resultado das áreas (KRAs) como a quilometragem alcançada pelo veículo na estrada.

Os clientes internos presentes nas reuniões de programação de tarefas aderiram aos objetivos da reunião. As funções de suporte como Engenharia e Suprimentos antes escondiam-se por trás dos problemas da manutenção e das operações, mas agora as métricas estavam destacando as áreas de melhoria desses problemas. O cumprimento das tarefas programadas tornou--se mais do que um requisito legal e de negócios. O problema da manutenção era a falta dc um placar que medisse os "gols" que as equipes faziam, permitindo que elas se orgulhassem da melhoria de desempenho. Quanto melhor for o placar do jogo, melhor será a conformidade aos requisitos legais e de negócios. No final das 16 semanas, a força de trabalho percebeu que os processos e os indicadores que mediam o êxito do cliente interno estavam alinhados e garantiam o caminho que levava a prosperidade da fábrica.

7.6 RESUMO

Não existe um ponto determinado para o início de uma jornada de Gestão de Ativos. Começar por algum ponto é melhor do que não começar. Dos cinco fundamentos da Gestão de Ativos,

Garantia e Alinhamento foram os únicos usados nesta jornada de 16 semanas para mudar a maneira como uma organização se via e fazer algo a respeito. Liderança, valor e adaptabilidade foram deixados para a organização implementar sozinha posteriormente (Tabela 7-1; Figura 7-1).

Tabela 7-1: Fase 3 "Cinco Fundamentos"

Fundamento	Força da organização
Alinhamento	O alinhamento ocorreu assim que as pessoas perceberam o propósito de estar ali. As disputas eram com o mercado "fora do portão" da fábrica, e não internamente, entre elas.
Garantia	Houve reconhecimento de que a conformidade com padrões foi além do exigido pelos requisitos legais. A Garantia dava confiança de que eram capazes de repetir as atividades com consistência. A fábrica reconheceu esses estados, mas não atingiu ainda o nível desejado de garantia.
Liderança	No início, ter um líder de processo na fábrica era visto como ter um "Comandante de uma aeronave" de cada equipe. Uma vez que os "comandantes" perceberam que apoiavam melhor o processo do ciclo de vida dos ativos convertendo demanda em valor, a conversa mudou de "controlar custos" para "obter valor".
Valor	Valor era tratado como o preço de venda por quilograma de produto. Era uma corrida para vender a qualquer custo. Uma vez que a fábrica percebeu que para sustentar a venda tinha que focar no valor, a discussão mudou da quantidade para a qualidade da entrega.

Adaptabilidade	O motivador da mudança, neste estudo de caso, foi o medo de perder uma venda. Essa reação levou a fábrica a trabalhar conscientemente "nos" negócios e não "em" negócios. Eles têm um longo caminho a percorrer, mas entendendo os pecados do passado e o mercado à sua frente, agora a fábrica conhece as perguntas certas e a melhor resposta para as mudanças que virão.

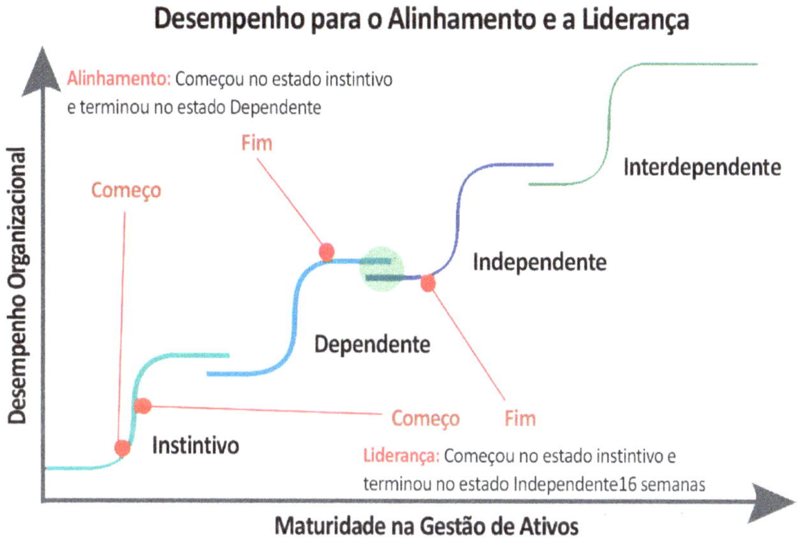

Desempenho para o Alinhamento e a Liderança

Figura 7-1: A Jornada da Maturidade de Ativos para a Fábrica de Processamento da Acme (FPA) , **mostrando a mudança nos Fundamentos de Alinhamento e Liderança ao longo de 16 semanas**

Simples. Apoie os Fundamentos Alinhamento e a Garantia com uma visão do final do jogo e empodere os trabalhadores para definirem "o que é certo" e "o que parece bom". A Liderança é capacitadora e, embora seja uma palavra amplamente debatida, é melhor deixá-la indefinida. Valor, por outro lado, é simplesmente ouvir, apoiar e atender o cliente. Os líderes de gestão de mudança nunca podem dar a resposta, ter algo como certo, presumir ou mesmo fingir que entendem as estruturas ou as conexões de uma organização. Por outro lado, a aplicação de cinco fundamentos simples para tudo, pode criar e manter valor.

Lente pode ser definida como a capacidade de focar nas perspectivas de uma organização. Quando as informações estão disponíveis no momento certo, as lentes são claras e concisas. Quando faltam informações, uma lente pode ser considerada danificada, abrindo possibilidade de diversas interpretações.

7.6.1 Cadeia de Suprimentos

Essa lente vê a demanda de materiais sendo convertida em cumprimento de prazos. Embora a função de contratação e suprimento seja entendida, seu foco fica confuso devido à cultura reativa das organizações. As especificações são ambíguas; os prazos de entrega, irrealistas; e a oportunidade de melhoria é prejudicada por outras lentes que lançam sombras falsas.

7.6.2 Engenharia

A engenharia busca entender a causa e o sintoma dos problemas com ativos. Suas lentes são claras e focadas. Sua limitação é que, sem as outras lentes iluminando o sintoma e não a causa, ela perpetuará a abordagem de melhoria reativa e prejudicará a confiança e, em última análise, o respeito. As mudanças na fábrica são motivadas por sintomas, não por causas.

7.6.3 Operações

Eles veem seu papel como geradores de receita para a fábrica. Infelizmente, devido às lentes distorcias, isso tem um custo oculto para a fábrica. Eles não estão vendo a deterioração do ativo ao trabalhar arduamente com ele e consideram os sintomas como uma preocupação alheia. Eles consideram suas lentes como as mais importantes e outras funções como um custo, não como suporte. Quando algo funciona bem, eles adotam o "emblema" de Gerente de Ativos.

7.6.4 Manutenção

O mantenedor é como um contratado externo. Tenta-se compartilhar o foco da sua lente com as outras partes interessadas, mas isso é tratado com objetivo de obter mais orçamento para a manutenção. A confiança é baixa, o que está reduzindo a luz em suas lentes.

7.6.5 Proprietário

Os proprietários têm a lente mais ampla. O problema deles é que, com algumas lentes sendo distorcidas e outras iluminando seus rostos, há uma capacidade limitada de alcançar uma tomada de decisão fundamentada em fatos e dados. O orçamento é determinado em vez de ser negociado de acordo com as necessidades da fábrica. Eles contam apenas com indicadores reativos.

Com Maturidade em Gestão de Ativos, uma organização pode adotar e utilizar qualquer lente que auxilie na tomada de decisão. Uma organização que utiliza lentes limitadas, provavelmente, receberá resultados limitados, fortemente influenciados pela sorte. Se uma organização combinar cada lente para entender o seu propósito coletivo, poderá adotar indicadores proativos para gerar confiança, respeito e valor, em vez de custo, qualidade e prazo.

CAPÍTULO 8

MATURIDADE EM GESTÃO DE ATIVOS EM OPERAÇÕES DE AERONAVE DE ALTA CONFIABILIDADE

A organização passou de um estado Dependente para um estado Independente, com aumento do desempenho das aeronaves e redução da sua variabilidade.

8.1 HISTÓRICO

Este estudo de caso trata de uma frota de aviões 747 de 20 anos, operada por uma grande transportadora Australiana que tradicionalmente lutava para atingir seus objetivos de custo e desempenho, dentro do cenário herdado dos anos anteriores. A maioria dos serviços necessários para fazer manutenção nas aeronaves era terceirizada, uma abordagem apropriada para uma época em que havia massa crítica de aeronaves na frota e falta de prestadores de serviços disponíveis externamente.

Um gerente de frota recém-nomeado precisava descobrir quais eram os problemas e, com apenas cinco anos de operações para o final da vida útil da aeronave, não havia um suporte sólido para grandes modificações na frota. A estrutura que ele usou para identificar os problemas e desenvolver soluções para melhorar o desempenho foi baseada na Maturidade em Gestão de Ativos e no *design thinking*.

Um workshop inicial, realizado dentro do grupo de Gestão de Ativos, identificou os objetivos que os aviões 747 precisavam alcançar, se quisessem contribuir positivamente para os objetivos da organização. Esse workshop também identificou as principais partes interessadas que precisavam ser engajadas para empreender a jornada — grupos como finanças, recursos humanos, operações de voo e terrestre. Isso resultou em uma série de indicadores-chave de desempenho com as respectivas metas que se tornaram os objetivos da Gestão de Ativos e nos respectivos Plano de Gestão de Ativos (PGA) dos aviões 747. Essa foi a primeira vez que um PGA havia sido escrito na organização.

O gerente de frota, então, lançou uma fase exploratória para tentar "identificar as causas da bagunça" (Gharajedaghi, 2011). Analisando separadamente cada um dos elementos do Modelo de Sistemas de Gestão de Ativos do AMCouncil, o gerente de frota investigou como esses elementos funcionavam e como estavam vinculados aos objetivos da Gestão de Ativos. Isso forneceu uma visão sobre a aderência de cada elemento ao sistema de gestão e aos problemas identificados. Combinando isso com o cumprimento dos objetivos da Gestão de Ativos e usando a Matriz de Wilson, conforme mostrado na Figura 8-1, os principais atributos da cultura, ou a maneira como as coisas eram feitas por lá, foram identificados (Wilson, 1989).

Enquanto todos seguiram os processos e os procedimentos que apresentaram níveis de entregas de conformidade, fato confirmado por diversas auditorias, o fraco desempenho da aeronave indicava baixos níveis de obtenção de resultados; a organização era baseada na conformidade. Claramente, em comparação com os estados de Maturidade em Gestão de Ativos e a matriz de Fundamentos, a organização estava no estado Dependente; dependia das políticas e dos procedimentos em vigor e da garantia de que todos os seguissem. Embora isso tenha criado um alto nível de Alinhamento e conformidade, gerou pouco valor.

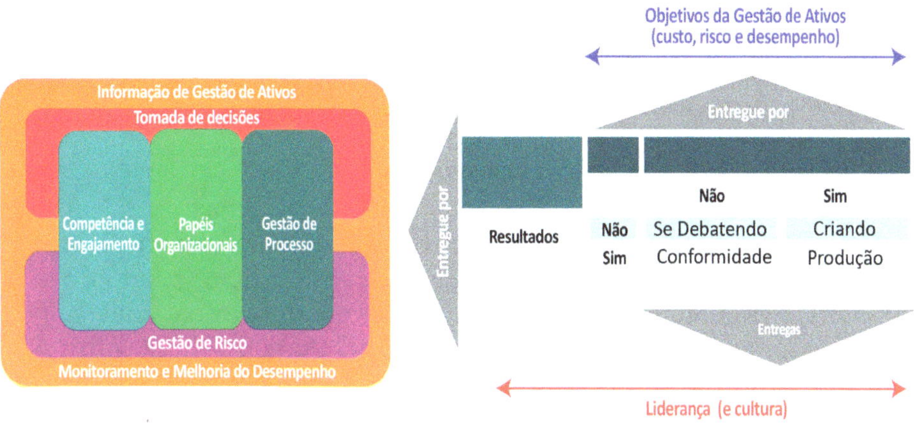

Figura 8-1: O Modelo de Sistema de Gestão de Ativos do AMCouncil e a matriz de maturidade (Wilson, 1989).

8.2 O QUE FOI FEITO

O objetivo do programa de melhoria da maturidade era mover a organização para o estado Independente. Embora respeitando as políticas e procedimentos que precisavam ser implementados e seguidos, as pessoas na organização precisavam tomar decisões para permitir que alcançassem os resultados organizacionais.

Em vez de lidar explicitamente com áreas abstratas como a cultura, o foco estava na Governança e nos Elementos Estruturados. Uma série de mudanças foi feita na estrutura de indicadores, processos, competências e funções organizacionais para criar um ambiente onde as pessoas estivessem empoderadas para alcançar os resultados. A Tabela 8-1 define as áreas da Matriz de Maturidade da Gestão de Ativos que foram o foco das mudanças. Aspectos menos tangíveis dos Fundamentos, como liderança, foram abordados por meio de mudanças de comportamento, reforçando explicitamente os comportamentos desejados ao identificá-los claramente como adequados.

O Modelo de Sistemas de Gestão de Ativos do AMCouncil forneceu uma lista de possíveis elementos do sistema de gestão a serem considerados para a mudança.

8.2.1 Gerenciamento de Processo

A espinha dorsal do programa de melhoria da confiabilidade era o processo. "Fracassamos com mais frequência, não porque deixamos de resolver os problemas que encontramos, mas porque não encontramos o problema certo." (Ackoff, 1981). Muitos dos problemas encontrados eram:

- a falta de tratamento do problema enfrentado pela aeronave; e

- a dependência de modificações aprovadas pelo FOE (Fabricantes Originais dos Equipamentos), em completa contradição com a engenharia de confiabilidade (Nowlan & Heap, 1978) das aeronaves.

O processo de engenharia de confiabilidade foi completamente redefinido para seguir o processo de Resolução de Problemas estabelecido por Moubray (Moubray, 1997) e Tomada de Decisão para a definição do problema de Kepner Tregoe. Esse processo foi reforçado por meio de treinamento formal, conforme discutido em 8.2.3 e um novo modelo do plano de crescimento da confiabilidade, conforme discutido em 8.2.4.

Tabela 8-1: O foco das mudanças para abordar o desempenho da frota

Elemento Organizacional	Governança (causa tangível)	Estruturado (meios)
Estado de Maturidade	Independente: estado ou qualidade de ser ou estar livre do controle, influência, apoio, ajuda ou similar, de outros.	Independente: estado ou qualidade de ser ou estar livre do controle, influência, apoio, ajuda ou similar, de outros.

Definição do Elemento Organizacional	Como a organização assegurou que as pessoas estão entregando os resultados de acordo com o plano estratégico de Gestão de Ativos com o equilíbrio desejado entre custo, risco e desempenho.	Como as pessoas trabalham juntas de forma integrada para entregar os processos.
Fundamento Alinhamento	A administração/gerentes possui um conjunto integrado de critérios de tomada de decisão e as unidades de negócios individuais podem tomar decisões da melhor forma para atingirem seus objetivos. O monitoramento de desempenho usado pelas equipes permite o acompanhamento do seu próprio progresso em direção aos objetivos.	As equipes veem a necessidade de ter estruturas e sistemas adequados para apoiar as capabilidades dos mesmos.
Fundamento Garantia	A administração/gerentes confirma o que espera, de fato, que seja entregue e, caso contrário, realiza as mudanças necessárias. As equipes desenvolvem seus próprios planos e trabalham dentro dos limites definidos pela administração, tomando as decisões necessárias para atingir esses objetivos. Eles monitoram seu próprio desempenho e relatam variações ou problemas para a respectiva linha hierárquica.	As equipes usam processos integrados ao analisar criticamente as oportunidades de melhoria e esses processos estão vinculados às funções organizacionais como uma forma deliberada para gerenciar entregas de fases. Há reconhecimento formal das competências necessárias para desempenhar funções e processos específicos.
Fundamento Liderança	A alta administração está no controle do Sistema de Gestão e da Governança.	A recompensa dos líderes está atrelada "a não se ter surpresas, vantagem competitiva, cultura de classe mundial".

Fundamento Valor	Existe um acordo formal com as partes interessadas sobre os objetivos organizacionais a serem alcançados. Os objetivos da Gestão de Ativos são desenvolvidos a partir deles e os meios para alcançá-los são deixados para a equipe relacionada como parte do processo de planejamento.	Os processos de Garantia estão implementados e funcionando para permitir que as equipes identifiquem, gerenciem e entreguem valor às partes interessadas.
Fundamento Adaptabilidade	A administração/gerentes trabalha com equipes para implementar processos que podem ser modificados rapidamente, se necessário. Eles monitoram e avaliam o sucesso, o fracasso e o risco das mudanças feitas.	As equipes podem trabalhar juntas para identificar mudanças internas e externas.

8.2.2 Papéis Organizacionais

A mudança também se estendeu às funções organizacionais da equipe de engenharia de frota. Dentro da equipe, havia um engenheiro de confiabilidade e vários engenheiros de sistemas que foram estruturados em torno dos sistemas críticos, sistemas mecânicos, sistemas aviônicos e estruturas da aeronave. Anteriormente, os engenheiros de confiabilidade eram responsáveis por identificar e definir soluções para os problemas. Os engenheiros de sistemas se concentravam em analisar os manuais de apoio e manutenção dos FOEs (Fabricantes Originais dos Equipamentos) para sugerir modificações. Isso criou uma dinâmica interessante, pois a análise desses manuais não estava necessariamente relacionada aos problemas que a aeronave tinha; eles foram recompensados por reduzir o número de serviços de apoio e de manutenção baseados nesses manuais. Como consequência, centenas de modificações foram implementadas em toda a frota, algumas das quais não teriam sido concluídas antes de a aeronave ser descomissionada.

As funções organizacionais foram modificadas para que os engenheiros de sistemas tivessem que resolver os problemas que os engenheiros de confiabilidade identificavam estar afetando a confiabilidade das frotas; usar o manual era uma das opções para resolver esses problemas (Tabela 8-2).

Outro benefício em mudar as funções era que os engenheiros de sistemas se tornavam minigerentes de frota para seus sistemas, criando um grupo maior de pessoas para o planejamento de sucessão.

Tabela 8-2: Mudanças nos papéis organizacionais

Anteriormente	Atualmente
Os engenheiros de confiabilidade faziam análises para encontrar os problemas.	Os engenheiros de confiabilidade fazem a análise para encontrar os problemas e controlam os prazos dessas análises.
Engenheiros de confiabilidade desenvolviam as soluções.	Os engenheiros de sistemas desenvolvem soluções que incluem mudanças de apoio e manutenção.
Os engenheiros de programação de manutenção gerenciavam as mudanças nos planos de manutenção (sugeridos quase que na totalidade pelos FOEs – Fabricantes Originais dos Equipamentos).	Os engenheiros de programação de manutenção controlam a análise dos requisitos de manutenção, permitindo o agrupamento de tarefas para aumentar a eficácia.

8.2.3 Competência e Engajamento

Enquanto as competências dos mecânicos de aeronaves eram altamente regulamentadas, as competências de profissionais de engenharia e dos profissionais de nível técnico eram baseadas no mercado. O gerente de frota fez uma análise crítica do programa dos cursos de onde vieram muitos dos engenheiros e profissionais de nível médio. A Figura 8-2 mostra que mais de 90 por cento dos assuntos estão relacionados a matérias básicas, como cálculo, mecânica de fluidos computacionais, estruturas e análise de elementos finitos. A maioria do trabalho — 75% — que os engenheiros e profissionais estavam envolvidos, relacionava-se a assuntos de produção, logística e sustentabilidade de ativos, ao invés de matérias básicas.

Como resultado, o gerente de frota implementou treinamento em MCCII (Manutenção Centrada em Confiabilidade II), análise de logística, solução de problemas e tomada de decisão da Kepner Tregoe e Fundamentos de Gestão de Ativos para preencher essa lacuna. Embora voltado para o desenvolvimento de competências, o treinamento também foi percebido como um investimento nas pessoas, impulsionando positivamente o engajamento.

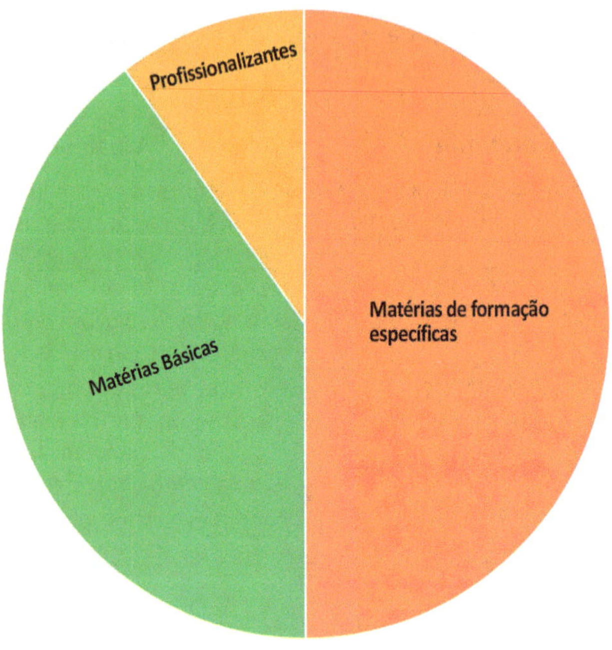

Figura 8-2: Proporção de disciplinas para um Curso de Engenharia típico.

8.2.4 Monitoramento e Melhoria do Desempenho

Mudanças importantes foram feitas no monitoramento de desempenho e nos elementos para a melhoria do Sistema de Gestão de Ativos. O relatório de desempenho anterior compreendia 80 páginas e continha gráficos complicados, diagramas de caixa estreita e altos níveis de detalhes. A estrutura desse relatório foi modificada para:

- reduzir o número de páginas para 30;

- fornecer sinalização sobre o desempenho da frota e o status das ações para tratar desse desempenho; e

- fornecer 'marcadores' para permitir o rastreamento do progresso em relação ao processo de MCCII mencionado.

8.3 RESULTADOS

Embora o foco da jornada de melhoria da maturidade fosse o aprimoramento dos elementos-chave do sistema de gestão, como competências, funções organizacionais e análise crítica de desempenho, o objetivo real era melhorar os resultados da frota de aeronaves, focando no resultado de negócios da organização de produção e, dessa forma, entregar mais valor. Em seis meses, houve uma mudança significativa no desempenho da frota. A Figura 8-3 mostra a confiabilidade operacional. A linha vermelha mostra o desempenho da própria aeronave; a linha azul mostra o desempenho da manutenção em solucionar um problema com as aeronaves. A figura aponta que o desempenho da aeronave não apenas aumentou, mas também apresentou redução na sua variabilidade.

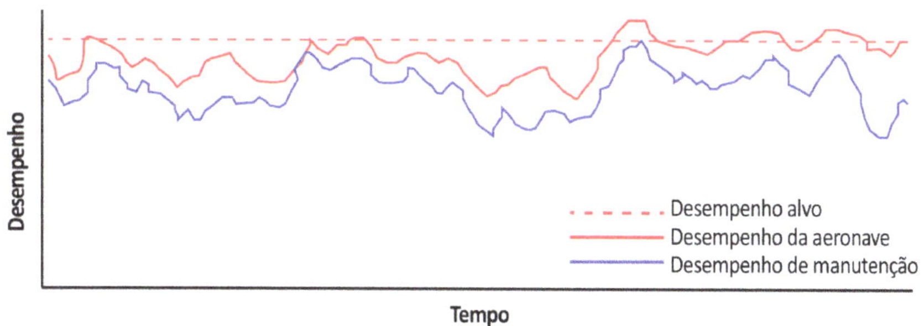

Figura 8-3 Desempenho de confiabilidade de despacho.

Embora os objetivos mais amplos fossem mover a organização de um estado Dependente para um estado Independente,

Figura 8-4, as mudanças no sistema de gestão se concentraram em:

- reduzir a mentalidade de conformidade, sem reduzir o seu rigor; e

- empoderar as pessoas através do aumento das competências para tomar decisões que levassem à melhoria do desempenho.

Isso significou alinhar melhor o sistema de gestão para a obtenção de valor e permitir que a liderança fosse delegada para a pessoa que tivesse mais conhecimento sobre como fazer as mudanças necessárias para atingir os resultados. O sistema de gestão foi o facilitador para essas mudanças, e não um fim em si mesmo.

Figura 8-4: Jornada da Gestão de Ativos da Organização.

CAPÍTULO 9

UM ESTUDO DE CASO EM MELHORIA DE NEGÓCIOS POR MEIO DA MATURIDADE EM GESTÃO DE ATIVOS

Este capítulo explora a jornada de uma organização de um negócio de geração de energia em decadência, prestes a ser vendido como sucata, através de uma transformação notável que alcançou um desempenho de classe mundial e recriou o negócio; e então foram além. Mais recentemente, suas características de desenho de negócios forneceram a base para que se adaptasse às novas oportunidades de mercado. Os autores do Vivendo A Gestão de Ativos *reconhecem a contribuição de Benjamin Hayden e Clinton Windsor para o conteúdo deste capítulo.*

9.1 INTRODUÇÃO

O mundo desenvolvido ainda está se recuperando da carnificina da crise financeira global, causada por permitir que os bancos dos EUA agissem de forma extremamente arriscada em busca de lucros e bônus maiores — confiante no fato de que, caso desabassem, o governo os resgataria (Gitkins, 2017).

Ao fornecer valor para acionistas e outras partes interessadas das organizações, os líderes tratam com os principais parâmetros dos negócios de risco, custo e desempenho. A Gestão de Ativos é principalmente uma ferramenta de negócios projetada para alavancar o valor do uso de ativos físicos, para entregar o equilíbrio desejado de custo, risco e desempenho. Em nível de liderança, o Sistema de Gestão de Ativos que direciona a implementação da Gestão de Ativos fornece alavancas que apoiam o desenvolvimento do equilíbrio desejado. Ele também fornece métodos para mitigar riscos, alcançando a confiabilidade e disponibilidade dos ativos e, ao mesmo tempo, proporcionando lucratividade (ISO 55001, 2014).

Os objetivos básicos da Gestão de Ativos são:

- Criação e preservação de valor para as partes interessadas e o contrário, evitando a destruição de valor tanto a curto como a longo prazo.

- Entrega do nível necessário de garantia para que os objetivos organizacionais sejam alcançados.

- Transparência e rastreabilidade na tomada de decisão.

A maturidade em Gestão de Ativos oferece suporte à capacidade de uma organização de alcançar um desempenho superior e sustentável. Pode fornecer uma vantagem competitiva. A maturidade em Gestão de Ativos é definida como "a capacidade de uma organização de prever e responder ao seu ambiente por meio da gestão de seus ativos, ao mesmo tempo que continua a atender às necessidades em constantes mudanças das suas partes interessadas e do ambiente externo", conforme definido no Capítulo 3.4.

Melhores resultados para as partes interessadas, em termos de valor e nível de garantia associada, quase sempre resultarão de estados mais elevados de maturidade em Gestão de Ativos.

Usar a maturidade em Gestão de Ativos para alavancar os resultados dos negócios e das partes interessadas é perceber que ela é principalmente uma função de liderança e de negócios que visa melhorar o desempenho usando ativos. Os componentes técnicos e de processo da Gestão de Ativos oferecem suporte a essa função de liderança. Assim, a Maturidade em Gestão de Ativos envolve tanto o sistema de gestão de uma organização quanto o comportamento de seu pessoal.

As organizações devem compreender a importância do fator humano para a maturidade em Gestão de Ativos. A ênfase no fator humano da Maturidade em Gestão de Ativos é vital para alcançar e melhorar a saúde organizacional. Essa ênfase deve ser considerada junto de todos os cinco Fundamentos da Gestão de Ativos.

9.2 A HISTÓRIA DA USINA DE GERAÇÃO DE ENERGIA GLADSTONE (GPS)

A maior usina de energia de *Queensland* foi concebida em 1969 e construída pela *Southern Electricity Authority of Queensland*, com a primeira unidade de geração comissionada em 1976. Em 1994, os ativos da *Gladstone Power Station* (GPS) foram vendidos para a *GPS Joint Venture* (GPS-JV), com o objetivo de garantir um fornecimento de energia para as operações em expansão da fundição *Boyne Island*.

A GPS-JV era uma *joint venture* não incorporada que consistia em várias empresas privadas, incluindo a *NRG Energy*, uma empresa americana de geração de energia, e a Rio Tinto. Em 1994, a *NRG Gladstone Operating Services* (NRGGOS), subsidiária integral da *NRG Energy*, foi estabelecida para manter e operar os ativos da GPS em nome da *GPS Joint Venture*.

A história da Gestão de Ativos da GPS começou por volta de 2008, antes da publicação do conjunto de padrões ISO 5500x e foi bem documentada (Hayden & Windsor, *The Importance of Leading Management Support in Driving Asset Management Culture and System Change*, 2012) (Hayden, *GPS Asset Management Maturity*, 2015). Em 2013, a equipe da *NRG* ganhou o prêmio *Engineers Australia National Engineering Excellence Award* pelo sucesso na jornada de melhoria da Gestão de Ativos.

9.3 O PROBLEMA

A GPS está localizada ao lado da cidade portuária de *Gladstone, Queensland*, com acesso próximo às principais cargas elétricas e rotas de transporte de carvão. A usina consiste em seis unidades idênticas de caldeiras a carvão e turbo-geradores de 280 MW cada, com uma potência total de 1.680 MW.

O indicador de "retorno sobre o ativo" é amplamente influenciado pela disponibilidade, que é o principal *KPI* do contrato de fornecimento de energia. No final de 2006, a disponibilidade começou a cair substancialmente, conforme apresentado na Figura 9-1, com a disponibilidade no eixo y e o tempo no eixo x (Hayden, *GPS Asset Management Maturity*, 2015).

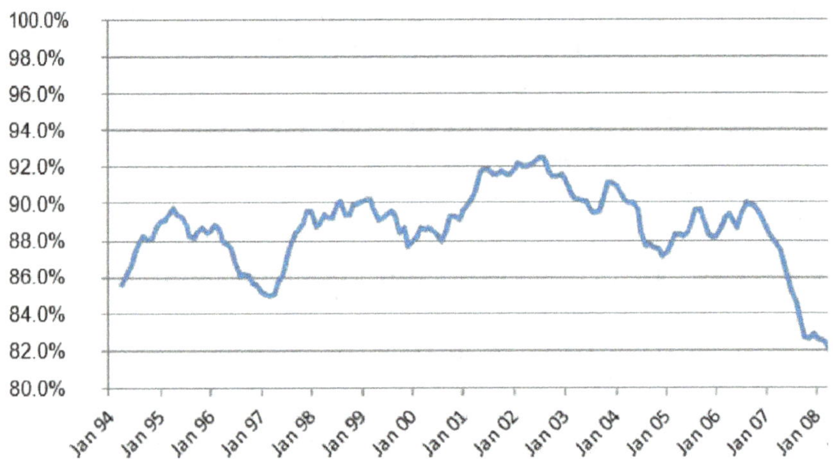

Figura 9-1: Histórico de disponibilidade da usina até 2008 (média móvel de dois anos, com cada ponto no gráfico sendo a média dos resultados dos três meses anteriores).

Não era apenas o risco devido ao incremento de custo associado à redução da disponibilidade abaixo de 90 por cento, a viabilidade a longo prazo da usina também estava em jogo.

As principais falhas da usina que contribuíram para o declínio do ativo e do desempenho dos negócios incluíram:

- falha catastrófica do transformador do gerador da Unidade 3 (9 de julho de 2004);

- falha catastrófica do estator do gerador da Unidade 2 (7 de maio de 2006); e

- trinca das pás dos ventiladores em todas as seis unidades entre 2007 e 2008.

Durante esse período de falhas, a usina também estava tendo que enfrentar:

- o legado negativo de várias reestruturações organizacionais e reduções de pessoal;

- uma alta rotatividade na equipe de gestores seniores —nenhum gerente-geral permaneceu no cargo por vários meses;

- o colapso da Enron nos EUA, resultando no pedido de concordata da NRG Energy nos Estados Unidos;

- o fechamento do escritório corporativo da *NRG* Austrália e colocação à venda de todos os ativos australianos, incluindo NRGGOS;

- uma redução contínua dos investimentos e dos orçamentos anuais de operações e manutenção (O&M);

- a expiração de contratos de fornecimento de carvão de longo prazo e alterações subsequentes no fornecimento e na qualidade do carvão;

- a negociação de um novo Contrato de Compra Independente de Energia — o original nunca havia sido formalmente assinado; e

- o vencimento e a renegociação do Contrato de Operação e Manutenção em 2010.

Os impulsionadores e a motivação para a mudança dentro da organização eram muito reais e o esforço necessário para manter o foco dos negócios em um ambiente tão incerto e tumultuado era muito grande.

9.4 PRINCIPAIS ETAPAS DA JORNADA DE GESTÃO DE ATIVOS

9.4.1 Rumo à excelência

A mudança mais crítica implementada pela GPS foi a nomeação, em 2008, de um novo gerente-geral que acreditava fortemente nos Fundamentos de Gestão de Ativos e o desejo genuíno de engajar todos na jornada. Após essa nomeação, as medidas tomadas para melhorar a Gestão de Ativos da GPS incluíram:

- reorientar e empoderar as equipes da *GPS* para participar do desenvolvimento de uma cultura de Gestão de Ativos, apoiada por sistemas e processos;

- estabelecer lideranças para equipes consistentes e fortes;

- revisar a Política de Gestão de Ativos e outras políticas importantes para fornecer clareza e alinhamento com a visão do negócio;

- adotar uma abordagem de sistemas para Gestão de Ativos com base na PAS-55 (Especificação Disponível ao Público), especialmente na integração e conexão de processos existentes com os processos de informação e de tomada de decisão;

- realizar reuniões informais com a força de trabalho sobre Gestão de Ativos para liderar e reforçar a cultura e as mudanças de comportamento necessárias;

- comunicar a Política de Gestão de Ativos e o Sistema de Gestão de Ativos a toda a força de trabalho, incluindo a emissão do Manual de Gestão de Ativos da GPS;

- auditar a Gestão de Ativos para fornecer *feedback*, pontos de conformidade, aprendizados, etapas e prioridades futuras — conduzido pelo AMCouncil da Australia;

- desenvolver um processo de planejamento de gestão ativos, com foco estratégico de longo prazo, para suportar a sustentabilidade de longo prazo do negócio; e

- desenvolver um *Roadmap* de Gestão de Ativos para identificar objetivos e estratégias de alto nível de Maturidade em Gestão de Ativos para o contrato existente de Operação e Manutenção.

9.5 RESULTADOS DAS MUDANÇAS

A disponibilidade da usina de longo prazo se recuperou atingido níveis recordes, sustentada pelas melhores práticas de Gestão de Ativos disponíveis no mundo, conforme mostrado na Figura 9-2 (Hayden & Windsor, *The Importance of Leading Management Support in Driving Asset Management Culture and System Change*, 2012) (Hayden, *GPS Asset Management Maturity*, 2015).

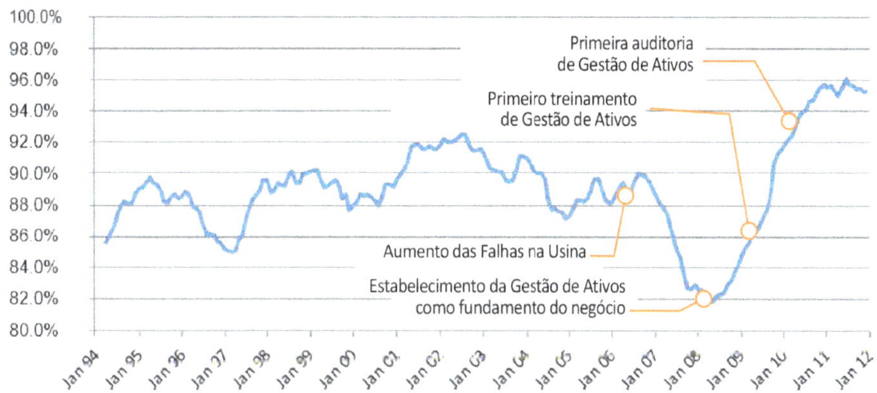

Figura 9-2: A reversão da disponibilidade da usina de longo prazo (média móvel de dois anos).

Houve também melhoria na satisfação e no engajamento dos funcionários entre 2008 e 2011. Embora os aspectos de recursos humanos não sejam frequentemente vistos como influenciando diretamente a Gestão de Ativos, ativos com alta confiabilidade produzem menor estresse organizacional e melhores clima e qualidade no trabalho.

Em meio à crise financeira global de 2009, enquanto os vários proprietários da GPS reduziram ou postergaram todos os projetos e investimentos de capital em seus negócios globais, a GPS manteve seu plano de investimentos e teve um aumento real de orçamento de manutenção em dólares descontada a inflação.

Em 2013, a equipe da NRG ganhou o Prêmio de Excelência em Engenharia Nacional, da Engineers Australia, por seu sucesso com sua jornada de melhoria de Gestão de Ativos.

9.5.1 Da Excelência de volta à Mediocridade

Depois de 2012, vários funcionários seniores deixaram a usina, enquanto o gerente-geral também se mudou. Posteriormente, a cultura de Gestão de Ativos e o foco na Gestão de Ativos dentro da usina mudaram para um foco financeiro mais pragmático. Essa alteração refletiu na redução dos preços do valor das ações entre 2015 e 2016. O impacto dessas alterações é apresentada na Figura 9-3 (Hayden & Windsor, *The Importance of Leading Management Support in Driving Asset Management Culture and System Change*, 2012) (Hayden, *GPS Asset Management Maturity*, 2015).

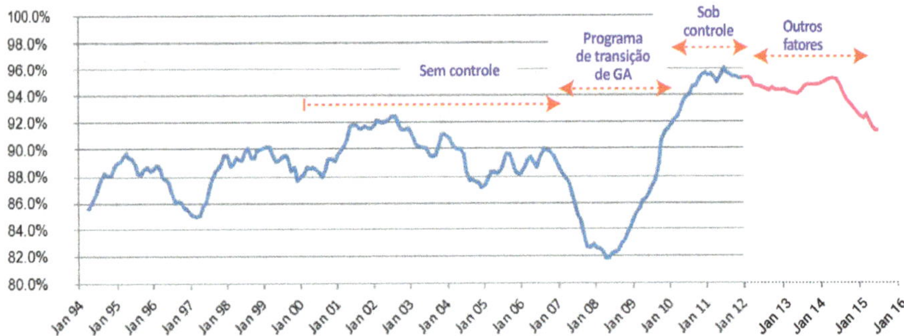

Figura 9-3: Disponibilidade da usina ao longo do tempo (média móvel de dois anos).

Essas alterações incluíram:

- quedas significativas e repentinas na disponibilidade da usina — resultantes de mudanças na equipe técnica sênior (superintendentes) sem nenhum planejamento de sucessão efetivo; e

- quedas adicionais na disponibilidade da usina, devido à forte pressão sobre os orçamentos de operação, manutenção e investimentos de capital ao tentar manter e entregar retornos aos acionistas, enquanto o preço das ações flutuava, especialmente em 2015. A Figura 9-4 sobrepõe o preço médio das ações da GPS e a disponibilidade da planta.

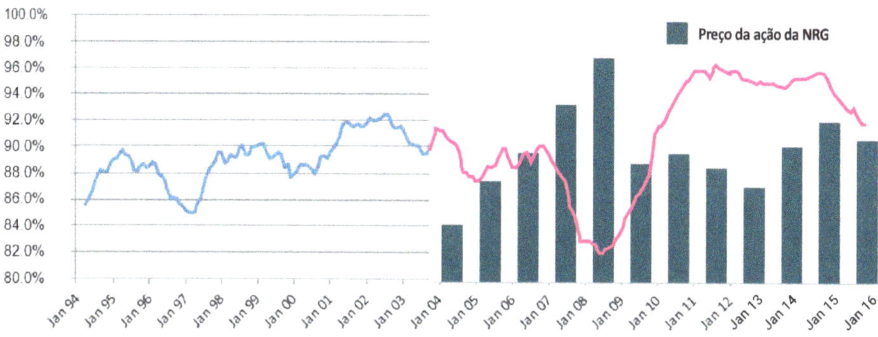

Figura 9-4: Preço da ação da GPS mapeado em relação à disponibilidade da usina..

9.5.2 Da Mediocridade à Adaptabilidade – Sorte ou fruto de uma boa gestão?

De 2013 em diante, o mercado de geração de energia mudou substancialmente. As centrais elétricas projetadas para fornecer desempenho financeiro como um gerador de carga na base, agora devem enfrentar um mercado significativamente diferente. Com o surgimento da geração de energia renovável e baseada em energia solar, a dinâmica do mercado de energia mudou notavelmente. A demanda por energia agora atinge o pico à noite e pela manhã, com demandas significativamente de cargas variáveis, já que a energia solar e outros dispositivos renováveis se conectam pela manhã e se desconectam à noite. Essa demanda variável é mostrada na Figura 9-5.

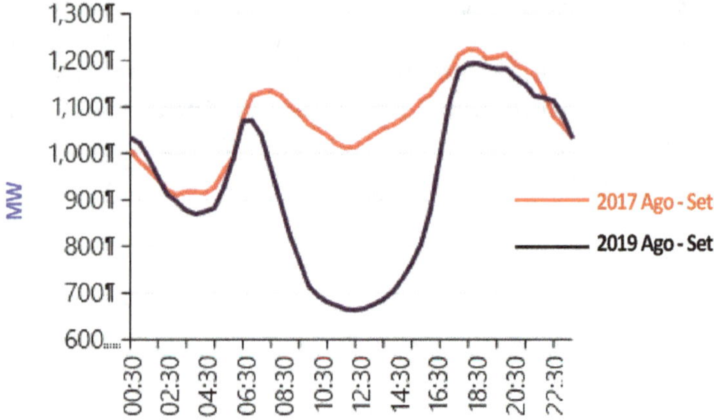

Figura 9-5: Perfil de geração diária da GPS
(*Australian Energy Market Operator,* **2019**).

Relembrando, a *Gladstone Power Station* consiste em seis unidades idênticas de caldeiras a carvão e turbo-geradores com 280 MW cada, com uma potência total de 1.680 MW. Por causa desse desenho de negócios, a GPS agora é capaz de se ajustar e atender ao perfil de mudança de demanda da rede, particularmente em torno das 18h às 6h, aumentando ou diminuindo a geração das unidades de acordo com as necessidades. Em função desse desenho, a GPS agora está bem-posicionada para atender à demanda variável, e fazê-la de forma lucrativa; assim, a GPS tem projeções para gerar lucro até 2030 com uma carteira de investimento consistente.

9.6 CONCLUSÕES SOBRE A JORNADA DE MATURIDADE EM GESTÃO DE ATIVOS DA GPS

A história da GPS inclui estágios distintos (estágios 1, 2, 3), a saber:

1. 1994 a 2006 — de Medíocre a Insuficiente: Geração de desempenho financeiro, às custas do desempenho dos ativos e aumento do risco.

2. 2007 a 2011 — de Insuficiente a Excelente: Implementação da Liderança e empoderamento da equipe de Gestão de Ativos, para trilhar uma jornada de quatro anos de um estado imaturo a um estado maduro; e então,

3. 2011 a 2019 — de Excelente para Adaptável: Apresentação de desempenho financeiro por meio da capacidade de adaptação às condições de mercado.

9.6.1 Estágio 1: 1994 a 2006 — de Medíocre a Insuficiente

O foco principal neste período foi o desempenho financeiro da usina. Pouca atenção foi dada a quaisquer mudanças no nível de desempenho dos ativos e/ou mudanças no nível do risco. O Sistema de Gestão de Ativos não foi capaz de antecipar os resultados de uma série de decisões de negócios. Consequentemente, houve severas reduções nos orçamentos, ao tentar manter e entregar retornos para os acionistas, levando a:

- reduções impostas nos orçamentos da operação e da manutenção; e

- reduções impostas nos orçamentos de investimentos.

Houve reduções significativas e repentinas na disponibilidade da usina, resultando em uma cultura de combate a incêndios no desempenho dos ativos.

9.6.2 Estágio 2: 2007 a 2011— de Insuficiente a Excelente

As ações de liderança que propiciaram a melhoria da Maturidade em Gestão de Ativos e, portanto, o desempenho dos negócios incluiu:

- reorientação de equipes e funções dentro do GPS para facilitar o desenvolvimento e a liderança dos sistemas e processos de Gestão de Ativos dentro da empresa;

- seleção de equipes de liderança consistentes e fortes; e

- desenvolvimento de um *roadmap* de Melhoria de Gestão de Ativos que identificou objetivos e estratégias de alto nível quanto à Maturidade em Gestão de Ativos para o atual Contrato de Operação e Manutenção.

Tabela 9-1: Atributos da mudança no Fundamento Liderança

Estado inicial para a liderança: Qualidades indicativas do estado Instintivo.	Estado final para a liderança: Qualidades indicativas do estado Independente
Os líderes tendem a usar um estilo paternalista/autocrático. Em termos de cultura, não existem fundamentos ou controles de Gestão de Ativos, apenas ações desordenadas. Cultura de faça o que precisa ser feito para sobreviver.	Líderes em transição do estilo transacional para o transformacional. A cultura absorveu os fundamentos da Gestão de Ativos e os controles são internalizados, mas não há evidências de coordenação informal.
A alta administração não tem controle sistemático, governança ou padrões de comportamento esperados.	A alta administração controla o sistema de gestão e a governança.
As equipes são recompensadas por economias no curto prazo ou por "apagar incêndios".	Equipes premiadas por serem "Sem surpresas, com vantagem competitiva e com desempenho de classe mundial".
A cultura de "Os ativos quebram e não são consertados" é incentivada pelos líderes. Os fundamentos básicos de manutenção preventiva não são reconhecidos; as pessoas acham que é normal que os ativos quebrem.	"Baixo custo dos ativos, prevenção e prevenção de falhas. Os ativos são reparados antes de quebrar, por meio de um planejamento proativo para reduzir custos" — a cultura está implantada e é apoiada pelos líderes.

Figura 9-6: Mudança no Fundamento de Liderança da Maturidade em Gestão de Ativos para a GPS.

As mudanças no Fundamento Liderança para o Estágio 2 são destacadas na Tabela 9-1 e na Figura 9-6. O Fundamento Alinhamento pode ser definido como "A Gestão de Ativos traduz os requisitos de negócios em decisões, planos e atividades técnicas e financeiras. Ações de alinhamento apoiaram a melhoria dos requisitos de ativos em decisões técnicas e financeiras, planos e atividades". As ações de alinhamento que apoiaram a melhoria da maturidade em Gestão de Ativos e, portanto, o desempenho dos negócios incluíram:

- revisão da Política de Gestão de Ativos e outras políticas de negócios importantes para fornecer clareza e alinhamento com a visão do negócio;

- conversas com a força de trabalho sobre Gestão de Ativos para liderar e reforçar a cultura e as mudanças de comportamento necessárias; e

- comunicação da Política de Gestão de Ativos e do Sistema de Gestão de Ativos a toda a força de trabalho, incluindo a emissão de um Manual de Gestão de Ativos da GPS.

É importante observar que o estado de Maturidade em Gestão de Ativos pode variar dentro de uma organização. Esse é um fato comum devido à forte liderança dentro de silos nas organizações. As mudanças na Maturidade em Gestão de Ativos na GPS, para o fundamento Alinhamento, entre o início e o fim da jornada de quatro anos de (2008 a 2012), são mostradas na Figura 9-7.

O Fundamento Garantia é o estado de confiança ou certeza de que o que está planejado será de fato executado. As ações de garantia que apoiaram a melhoria da maturidade em Gestão de Ativos e, portanto, o desempenho dos negócios incluíram:

- adoção de uma abordagem sistêmica para a Gestão de Ativos (baseada na PAS55), especialmente na integração, ligação de processos e fluxos de informação/pontos de decisão existentes;

- auditoria de Gestão de Ativos para fornecer *feedback*, confirmação, aprendizados e priorização de ações futuras; e

- desenvolvimento de um processo de planejamento de ativos, com foco estratégico de longo prazo, para suportar a viabilidade do negócio.

"A motivação básica do cérebro é se afastar do perigo e buscar recompensa. A sensação de certeza de recompensa libera substâncias químicas no cérebro, como a serotonina e a dopamina, que criam sentimentos positivos de segurança e antecipação. A incerteza gerada pelo perigo, por outro lado, libera norepinefrina e cortisol, levando a uma resposta de medo, de luta/fuga e/ou congelamento, ativada pela amígdala no sistema límbico do cérebro. A maioria das pessoas tem um melhor desempenho quando experimenta um grau razoável de certeza." (Pratlett, 2017)

Particularmente nos estágios iniciais da jornada de Gestão de Ativos da GPS, houve um forte foco nos Fundamentos Garantia e Alinhamento, para trazer certeza e confiabilidade para a organização e para os resultados de negócios.

As mudanças no Fundamento Garantia da Gestão de Ativos para a GPS, entre o início e o fim da jornada de 2008 a 2012, são mostradas na Figura 9-8.

Figura 9-7: Mudança no fundamento Alinhamento da Maturidade em Gestão de Ativos da GPS

O Fundamento Valor pode ser definido como uma medida do benefício entregue usando ativos para satisfazer os objetivos organizacionais, conforme percebido pelas partes interessadas. Houve pouco foco no Fundamento Valor durante os primeiros quatro anos da jornada da GPS. O principal valor considerado foi a disponibilidade sustentável da usina. Curiosamente, uma vez que uma alta disponibilidade foi alcançada, o foco foi no Fundamento Valor e a disponibilidade foi reduzida com uma diminuição proporcional nos custos. As mudanças no Fundamento Valor para a GPS, entre o início e o fim da jornada de 2008 a 2012, são mostradas na Figura 9-10.

9.6.3 Etapa 3: 2011 a 2019 — de Excelente para Adaptável — Entregando desempenho financeiro por meio da capacidade de adaptação às condições de mercado

Adaptabilidade pode ser definida como a capacidade de uma organização de sentir e responder às mudanças nas expectativas e no contexto das partes interessadas e do mercado. Este Fundamento parece, aos autores, ser o mais mal aplicado pelas organizações em suas jornadas de implantação da Gestão de Ativos. Essa falta de uso é um dos contribuintes mais comuns para o desempenho organizacional insustentável. É muito frequente ouvir sobre organizações que desapareceram porque não viram nem responderam a tempo ao que estava por vir.

As mudanças na Maturidade em Gestão de Ativos da GPS, para o Fundamento Adaptabilidade, entre o início e o término da jornada de 2008 a 2012, são mostradas na Figura 9-9.

Figura 9-8: Mudança no Fundamento Garantia da Maturidade em Gestão de Ativos da GPS.

Figura 9-9: Mudança no Fundamento Adaptabilidade da Maturidade em Gestão de Ativos da GPS entre 2012 e meados de 2015.

Figura 9-10: Mudança no Fundamento Valor da Maturidade em Gestão de Ativos da GPS.

Como é amplamente aceito – não é o mais forte das espécies que sobrevive, nem o mais inteligente, mas o que mais se adapta às mudanças. A história da GPS ainda não acabou, mas as lições desse último estágio parecem claras. Adapte-se ou falhe! Se não fosse pela simultaneidade das mudanças quase imprevisíveis na demanda do mercado de geração de eletricidade e nas características de desenho de negócios à GPS, a história seria muito diferente e, provavelmente, teria resultado no fechamento da usina.

Para ter sucesso a curto e a longo prazo, as empresas precisam não apenas de uma gestão robusta focada na entrega de resultados de negócios, mas também de uma visão que inclua boa gestão e bom trabalho em equipe. Ter sorte também é um fator. Neste contexto, como prever o imprevisível?

9.7 RESUMO DA JORNADA DA GPS

Quando todas essas mudanças nos estados de maturidade foram implementadas, houve um forte crescimento na Maturidade em Gestão de Ativos em todos os Fundamentos, exceto na Adaptabilidade.

O Elemento Organizacional que apresentou o menor crescimento foi o Elemento Estruturante, envolvendo os líderes dentro da organização, conforme mostrado na Figura 9-8 e na Figura 9-9, o que parece uma contradição, dado o desempenho de liderança muito forte nos outros Elementos Organizacionais.

O principal contribuinte para a maturidade no Elemento Organizacional Estruturante é o Conselho de Administração de uma organização, ou seu equivalente. Quando o preço da ação da NRG, a organização controladora da equipe de gestão da GPS, é colocado no mesmo gráfico com o desempenho da disponibilidade do GPS, fica claro que havia significativas mudanças na macroeconomia que impulsionaram a necessidade, primeiro, por maior disponibilidade e, em seguida, por controle de custos, reduzindo ligeiramente a disponibilidade, conforme mostrado na Figura 9-4.

Embora a resposta a essas mudanças na macroeconomia seja uma estratégia de negócios sensata, também indica uma abordagem reativa, em vez de planejada e estratégica, para os resultados de negócios.

9.8 RESUMO: MATURIDADE E LIDERANÇA DA GESTÃO DE ATIVOS

A Maturidade em Gestão de Ativos permite que as organizações alcancem um alto desempenho sustentado. As recompensas podem ser grandes, por meio de aumento do lucro, maior segurança ou aumento do valor das ações. A Maturidade em Gestão de Ativos é, principalmente, uma jornada de liderança e de negócios, pela utilização dos fundamentos da Gestão de Ativos em todos os Elementos da organização. Os componentes técnicos e de processo da Gestão de Ativos oferecem suporte à função de liderança. A Maturidade em Gestão de Ativos é uma jornada e, como toda jornada, para chegar a um destino, todos e todas as organizações devem dar um passo de cada vez. Não há atalhos para a Maturidade em Gestão de Ativos e, como líder, os gestores percebem o que outros gerentes fazem, e não somente aquilo que falam. Para que a organização incremente a Maturidade na Gestão de Ativos, toda a liderança deve trilhar essa jornada. E para se ter sucesso, é vital entender que há diferentes pensamentos, linguagem e necessidades relacionadas à Gestão de Ativos e à Maturidade na Gestão de Ativos, dependendo da posição de um indivíduo dentro da organização e do objetivo da jornada.

As jornadas pessoais em direção à Maturidade em Gestão de Ativos exigirão que as pessoas desafiem o *status quo* e os paradigmas da Gestão de Ativos existente. A série de Padrões ISO 5500x de Gestão de Ativos pode até se tornar uma restrição. Finalmente, o desempenho sustentado só será alcançado pela:

- aplicação de todos os cinco Fundamentos da Gestão de Ativos;

- sustentação e incremento da Capabilidade de liderança dentro da organização; e

- um elemento de boa sorte.

CAPÍTULO 10

ENTREVISTA COM DAVID STALKER

O alinhamento com o Fundamento Valor aumentou o entendimento dos custos, riscos e desempenho em todos os contextos, e a velocidade da transformação foi excepcional.

Esta entrevista é uma análise de um programa de mudança cultural de segurança que tem muitos paralelos com a Maturidade em Gestão de Ativos. A jornada de melhoria do desempenho e da cultura de segurança, nas últimas décadas, é um ótimo exemplo de jornada esperada para as organizações em sua Maturidade de Gestão de Ativos que almejam melhorar o desempenho dos negócios. Este estudo de caso explora e analisa o que foi feito e os impactos na segurança e no desempenho da Gestão de Ativos.

A organização era uma empresa terceirizada que estava perdendo o foco. Uma gestão fraca substituiu a liderança anterior. O desempenho de segurança estava sofrendo e sendo tratado como uma peça isolada na atividade de conformidade e, como resultado, o desempenho de segurança e de outras funções caiu.

Uma ação foi tomada pelo CEO para substituir o gerente do contrato por alguém que demonstrasse habilidade em liderança e mudança de cultura. Precisava de uma pessoa que entendesse a necessidade de melhorias tanto na liderança quanto na gestão. O foco imediato do gerente de contrato foi a Garantia (Governança e Controle), seguida de perto pela Liderança (Elemento Estruturante) com foco na responsabilidade e na mudança de comportamento para alcançar uma Cultura Justa.

Os principais elementos para impulsionar a organização foram:

- adoção de uma abordagem holística;

- implantação de medições — Relatórios e Indicadores--Chave de Desempenho;

- garantia da Segurança — Liderança, medição e ação;

- rumo em direção à uma cultura justa — confiança;

- responsabilização pessoal em todas as camadas; e

- aumento do empoderamento e da colaboração.

Por um período de aproximadamente 12 a 24 meses, a organização passou do estado Dependente para o estado Independente e permanece no estado Independente — Tratando de Cliente e Fornecedor.

A liderança mudou de relacional, ou individual, para processual ou coletiva. Ao aumentar a responsabilização pessoal por meio de uma cultura de segurança, a responsabilização pessoal cresceu também em outras áreas.

Com a força de trabalho considerando a segurança como seu foco principal, naturalmente se desenvolveu um entendimento coletivo de que era um valor de todos. Esse alinhamento com o valor aumentou o entendimento dos custos, riscos e desempenho em todos os contextos, não apenas na produção dos serviços (Tabela 10-1).

A velocidade da transformação foi excepcional e os benefícios resultantes melhoraram o desempenho da organização além das expectativas.

Tabela 10-1: Estudo de Caso de Segurança

Fundamento	Força da Organização
Alinhamento	No modelo de contrato, havia ênfase exagerada na gestão de indicadores-chave de desempenho de negócios, o que, por sua vez, impedia a geração de valor além do previsto no contrato.
Garantia	Escolhas pessoais relacionadas à segurança se transformaram no nível de Garantia aceito. A organização começou a mudar após o pagamento de bônus relativos ao bom desempenho nos indicadores-chave de desempenho de segurança.
Liderança	A liderança mudou de relacional (individual) para processual (coletiva). Ao aumentar a responsabilização pessoal por meio de uma cultura de segurança, a responsabilidade pessoal cresceu.
Valor	A força de trabalho considera a segurança como seu principal foco agora e se transformou em valor coletivo. Isso criou ênfase na confiabilidade e numa "disponibilidade segura". A manutenção evoluiu de reativa/corretiva para planejada/preventiva.
Adaptabilidade	Durante um período de aproximadamente 12 a 24 meses, a organização (contrato) passou de Dependente para Independente e continua sua trajetória para consolidar a Independência.

A RELAÇÃO ENTRE OS ELEMENTOS ORGANIZACIONAIS E OS VÁRIOS MODELOS

11.1 VINCULANDO OS ELEMENTOS ORGANIZACIONAIS AOS MODELOS DO AMCOUNCIL DA AUSTRÁLIA

Os capítulos anteriores focalizaram a aplicação dos elementos organizacionais como lentes ou perspectivas. Desde a publicação de *Vivendo a Gestão de Ativos*, em que o conceito dos Elementos Organizacionais foi explorado pela primeira vez, houve avanços significativos na compreensão da Gestão de Ativos e nos Sistemas de Gestão de Ativos, incluindo o desenvolvimento pelo AMCouncil de modelos adicionais.

Antes de vincular as visões aos modelos do Conselho da Gestão de Ativos, vale a pena recapitular brevemente o que são esses modelos e o que eles fazem. De forma similar ao modelo de maturidade discutido, existem três modelos de AMCouncil (2011):

- Modelo Conceitual de Gestão de Ativos — documenta os pilares da Gestão de Ativos, com intenção de servir como estrutura conceitual a partir da qual os elementos fundamentais da Gestão de Ativos possam ser identificados, documentados e implementados. O Modelo de Conceitual de Gestão de Ativos consiste em:

i. quatro princípios fundamentais; foco nos resultados, capabilidade, nível de Garantia e aprendizagem organizacional; e

ii. ciclo PDCA — Planeje, Faça, Confira, Aprenda —, que descreve a natureza de ciclo fechado da Gestão de Ativos.

- Modelo de Sistemas de Gestão de Ativos — define as partes de um Sistema de Gestão para a Gestão de Ativos, ou seja, o Sistema de Gestão de Ativos, e a relação entre suas partes. Além de definir essas relações, descreve a ligação entre as necessidades das partes interessadas, liderança, cultura e objetivos organizacionais aos objetivos da Gestão de Ativos.

- Modelo de Entrega de Capabilidade — apresenta esquematicamente os processos que podem ser usados em parte ou na totalidade para entregar os resultados pretendidos pela organização; fornece a visão do AMCouncil sobre o processo de ciclo de vida organizacional e descreve os processos em seis disciplinas principais:

1. Gestão da Demanda

2. Engenharia de Sistemas

3. Gestão de Configuração

4. Aquisições

5. Operações e Manutenção

6. Melhoria Contínua

11.2 VINCULANDO OS ELEMENTOS ORGANIZACIONAIS AO CENÁRIO DA GESTÃO DE ATIVOS DO GFMAM

O GFMAM publicou o documento Segundo Cenário, que descreve as 39 disciplinas da Gestão de Ativos, organizados de acordo com os seguintes grupos de disciplinas (Tabela 11-1).

Tabela 11-1: Cenário de Gestão de Ativos do GFMAM e o mapeamento das Disciplinas.

Grupo de Disciplina	Disciplinas
Estratégia e Planejamento para Gestão de Ativos	Política de Gestão de Ativos
	Estratégia e objetivos da Gestão de Ativos
	Análise de demanda
	Planejamento estratégico
	Planejamento para Gestão de Ativos
Tomada de Decisão para Gestão de Ativos	Tomada de decisão para investimento
	Tomada de decisões para operações e manutenção
	Geração de valor no ciclo de vida
	Estratégia de recursos
	Estratégia de paradas
Atividades de Entrega do Ciclo de Vida	Normas técnicas e legislação
	Criação e aquisição de ativos
	Engenharia de sistemas
	Gestão da configuração
	Manutenção de ativos
	Engenharia de confiabilidade
	Operações de ativos
	Gestão de recursos
	Gestão de paradas e interrupções
	Resposta de falha e incidente
	Gestão de alienação e desmobilização de ativos
Informações sobre Ativos Gestão de Riscos	Estratégia de informação de ativos
	Padrões de conhecimento sobre os ativos
	Sistemas de informação de ativos
	Gestão de dados e informações

Tal como acontece com os modelos do AMCouncil, as lentes podem ser construídas em torno dos Grupos de Disciplinas do GFMAM sobre Estratégia e Planejamento, Tomada de Decisão para Gestão de Ativos, Atividades de Entrega do Ciclo de Vida, Informações sobre Ativos, Organização e Pessoas e Gestão de Risco, e as 39 Disciplinas subordinadas. A Tabela 11-2 ilustra o mapeamento entre os Elementos Organizacionais e as Disciplinas do GFMAM.

**Tabela 11-2: Mapeamento entre os Elementos Organizacionais
e os Grupos de Disciplinas do GFMAM**

Elementos Organizacionais	Grupo de Disciplinas do GFMAM
Estruturantes	Estratégia e planejamento da Gestão de Ativos
Governança	Informações de ativos
	Gestão de riscos
Estrutura	Organização e pessoas para Gestão de Ativos
	Tomada de decisão para Gestão de Ativos
Ativos	Atividade de entrega do ciclo de vida

11.3 VINCULANDO OS ELEMENTOS ORGANIZACIONAIS À ISO 55000

Qualquer discussão sobre as lentes ou perspectivas na Gestão de Ativos precisa considerar as visões que os padrões da série ISO 55000 podem fornecer. Existem duas visões óbvias que esses padrões podem fornecer: a visão fornecida pelos Fundamentos Liderança e Cultura, Garantia, Valor e Alinhamento e a visão fornecida pelos itens e seções da ISO 55001 mostrados abaixo (os números das seções da ISO 55001 estão incluídos).

4 Contexto da Organização

4.1 Entendimento da organização e seu contexto
4.2 Entendimento das necessidades e das expectativas das partes interessadas

10 Melhoria

10.1 Não conformidade e ação corretiva
10.2 Ação preventiva
10.3 Melhoria contínua

Uma omissão notável nesses capítulos e títulos é qualquer referência à cultura. A ISO 55000 excluiu especificamente a cultura do sistema de gestão, presumivelmente pautada no fato de que você não pode gerenciar o que não pode medir e, se não puder ser medido, será impossível ser identificado como compatível. A Tabela 11-3 mapeia os Elementos Organizacionais com os Fundamentos da ISO 55000 e os itens e seções da ISO 55001.

Tabela 11-3: Mapeamento entre Elementos Organizacionais e capítulos e títulos da ISO 55001

Elementos Organizacionais	Capítulo da ISO 55001	Seção da ISO 5501
Estruturantes	Fundamentos da Gestão de Ativos	Liderança e cultura
		Garantia
		Alinhamento
		Valor
	Contexto da organização	Entendimento da organização e seu contexto
		Entendimento das necessidades e das expectativas das partes interessadas
		Determinação do escopo do Sistema de Gestão de Ativos
	Liderança	Liderança e compromisso
		Política

Governança	Apoio	Informações documentadas
	Avaliação de desempenho	9.1 Monitoramento, medição, análise e avaliação
		9.2 Auditoria interna
		9.3 Análise crítica pela direção
	Melhoria	10.1 Não conformidade e ação corretiva
		10.2 Ação preventiva
		10.3 Melhoria contínua
Estrutura	Contexto da organização	Sistema de Gestão de Ativos
	Liderança	Autoridades, responsabilidades e papéis organizacionais
	Planejamento	Ações para tratar riscos e oportunidades para o Sistema de Gestão de Ativos
		Objetivos de Gestão de Ativos e planos para alcançá-los
	Apoio	Recursos
		Competência
		Consciência
		Comunicação
		Requisitos de informação
	Operação	8.1 Planejamento operacional e controle
		8.2 Gestão da mudança
		8.3 Terceirização
Ativos	Portfólio de ativos	

O VALOR DO SISTEMA DE GESTÃO DE ATIVOS COMO UM SISTEMA ABERTO

Pense nas organizações como se fossem organismos vivos, como foi feito no *Vivendo a Gestão de Ativos*. Coletivamente, essas ideias tiveram um impacto na maneira como as pessoas agora pensam sobre as organizações. Sob a influência da metáfora da máquina, que foi descrita como a abordagem clássica e tradicional da gestão, no Capítulo 5.2, do *Vivendo a Gestão de Ativos*, a teoria organizacional foi aprisionada em uma forma de engenharia preocupada com relacionamentos entre metas, estruturas e eficiência. A ideia de que as organizações são mais como organismos vivos mudou essa visão e direcionou a atenção para questões mais gerais de sobrevivência, relações organização-ambiente e eficácia organizacional. Objetivos, estruturas e eficiência tornaram-se subsidiários aos problemas de sobrevivência, adaptação e outras preocupações mais biológicas, como cultura, liderança, emoções e comportamento, que são o foco do *Vivendo a Gestão de Ativos*.

Esse foco múltiplo descrito no *Vivendo a Gestão de Ativos* reflete a visão de que as organizações são melhor entendidas como sistemas sociotécnicos. O termo foi cunhado na década de 1950 por membros do Instituto Tavistock, na Inglaterra, para capturar as qualidades interdependentes do trabalho. Isso é discutido com mais profundidade nos Capítulos 5 e 6 do *Vivendo a Gestão de Ativos*. Para o Instituto, esses aspectos do trabalho são inseparáveis, porque a natureza de um elemento nessa configuração sempre tem consequências importantes para o outro. Quando escolhemos um sistema técnico — seja na forma de uma estrutura organizacional, descrição de cargo ou tecnologia —, ele sempre terá consequências humanas e vice-versa.

Um exemplo de sistema sociotécnico foi dado no prefácio do *Vivendo a Gestão de Ativos*: uma semente pode ser insuficiente para produzir bananas, porque em vários ambientes não pode gerar uma bananeira, por exemplo, em um solo arenoso sem água — questão técnica. Mas uma semente com solo, nutrientes, meio ambiente e jardineiros certos — questões sociais como liderança, cultura, emoções e comportamentos — pode se transformar em uma bananeira que produz bananas.

No *Vivendo a Gestão de Ativos*, pensamos neles como sistemas vivos, existindo em um ambiente mais amplo do qual dependem para a satisfação de diversas necessidades. Quando olhamos ao redor do mundo organizacional, vemos que é possível identificar diferentes tipos de organização em diferentes tipos de ambientes.

A metáfora orgânica e biológica tem ajudado as organizações a identificar e estudar suas diferentes necessidades e se concentrar no seguinte:

- organizações como sistemas abertos;

- influências humanas a serem consideradas ao se fazer uma mudança organizacional;

- processo de adaptação das organizações a ambientes em mudança — que foi chamado de maturidade no Capítulo 7 do *Vivendo a Gestão de Ativos*;

- ciclos de vida organizacional ou estados de maturidade;

- fatores que influenciam a saúde e o desenvolvimento organizacional;

- diferentes espécies de organização; e

- suas relações entre as espécies e sua ecologia.

A.1 CULTURA, LIDERANÇA, COMPORTAMENTO E GESTÃO DE ATIVOS

Cultura são os padrões de comportamento ou hábitos, como descritos no Capítulo 3.6 do *Vivendo a Gestão de Ativos*, que são encorajados, desencorajados ou tolerados ao longo do tempo. É o que se cria a partir das mensagens recebidas sobre como as pessoas devem se comportar. As culturas se desenvolvem em qualquer comunidade de pessoas que passam tempo juntas e que estão unidas por objetivos, crenças, hábitos, necessidades e valores compartilhados. A cultura existe nas nações, nas empresas, nos clubes esportivos, nas escolas, nas famílias, nas comunidades religiosas, nas profissões e nos grupos sociais.

Os humanos são basicamente animais tribais; são programados para se encaixar em sua tribo — leem os sinais sobre o que é necessário para se encaixar e adaptam seu comportamento de acordo. É uma estratégia de sobrevivência. Se um indivíduo não puder fazer isso de forma alguma, ele deixa a tribo ou a tribo o rejeita. À medida que os indivíduos se adaptam para se encaixar em sua nova tribo, eles, por sua vez, reforçam essas normas tribais — comportamentos aceitos — e, portanto, a cultura. Esse comportamento tribal foi explicado no capítulo 3.4 do *Vivendo a Gestão de Ativos*. O processo é fortalecido pela pressão dos colegas. Os membros existentes da tribo, preocupados com a ameaça que um recém-chegado representa, trabalham juntos para garantir que o novo membro não perturbe a estabilidade e, assim, exponha as fraquezas dos membros individuais. As normas comportamentais evoluem ao decorrer de longos períodos e são influenciadas por muitos fatores. Esses fatores incluem as demandas e o comportamento de partes externas, clientes, proprietários, inimigos e muitos outros. Também estão incluídos valores ou crenças que uniram a comunidade em primeiro lugar, como a natureza da atividade que reúne o grupo, líderes e heróis do passado e do presente, eventos históricos, sucessos, traumas e condições físicas e geográficas.

Os autores observaram culturas que levam as pessoas a operarem no mais alto estado de seu potencial intelectual e emocional, onde o grupo realmente excede a soma de suas partes e os indivíduos parecem se tornar pessoas melhores, contribuindo mais e, ao mesmo tempo, apoiando o sucesso de seus colegas. Esses grupos produzem resultados extraordinários a partir de pessoas comuns. Os autores também viram outras ocasiões que transformam indivíduos normais e bem-intencionados em monstros egoístas, falsos políticos e traidores.

Padrões e normas de comportamento tornam-se subconscientes, incorporados no modelo mental das pessoas, como discutido no Capítulo 3.2 do *Vivendo a Gestão de Ativos*; permanecem mesmo após seu propósito original desaparecer e, eventualmente, podem já não ser totalmente úteis em relação aos objetivos que a comunidade está procurando alcançar. Este é frequentemente o caso nas organizações. Um comportamento estabelecido influencia o comportamento de novos membros e as culturas se perpetuam. Isso requer tanto uma liderança extraordinariamente forte e focada quanto um esforço coordenado de um grupo de membros influentes para que a mudança ocorra rapidamente.

Embora os padrões de comportamento possam ser subconscientes — em outras palavras, incorporados nos modelos mentais dos atuais membros —, os novos membros os notam claramente e, para sobreviver, adaptam-se rapidamente à cultura predominante. Os membros podem estar cientes das tendências culturais, mas raramente conhecem o suficiente sobre sua formação, ou têm confiança, poder e determinação suficientes para provocar mudanças. Sustentar um comportamento individual que está em desacordo com o da comunidade requer grande resiliência e autoconfiança.

Em termos gerais, assumir o comportamento requerido em um ambiente de trabalho não vai além de um certo ponto que exija um teste pessoal de integridade, e a maioria das pessoas se adapta à norma. Se um indivíduo está adaptado a uma cultura onde todos falam o que pensam nas reuniões e depois muda para uma nova organização onde a norma não é fazer isso, com o tempo, ele provavelmente falará com menos frequência. Se cansará de ser o único a se comunicar e tentará convencer individualmente outros colegas sobre a necessidade de se expressar durante as reuniões. Eventualmente, isso o tornará menos confiável, criando uma reputação negativa de rebeldia. Nesse ponto, a maioria das pessoas se adapta ou sai.

A cultura é mantida por meio de mensagens enviadas e recebidas sobre o comportamento esperado. Cultura é sobre o que é encorajado ou pelo menos tolerado. Essas mensagens demonstram o que é valor, o que é importante, o que as pessoas fazem para se encaixar, serem aceitas e como serem recompensadas. Elas vêm de três áreas abrangentes:

- Comportamentos – o comportamento de outras pessoas, especialmente aquelas que parecem ser importantes — líderes, por exemplo;

- Símbolos – eventos observáveis, artefatos e decisões aos quais as pessoas atribuem significado de acordo com o contexto (Capítulo 3.6 do *Vivendo a Gestão de Ativos*); e

- Sistemas – mecanismos para gerenciar pessoas ou tarefas.

Conceitos para se levar em consideração:

- Cultura tem a ver com mensagens e gestão de mensagens. Se um número suficiente de fontes dessas mensagens puderem ser encontrado, a cultura pode ser mudada. Isso é extremamente importante ao compreender o processo de mudança, à medida que uma organização amadurece sua abordagem de Gestão de Ativos ao longo do tempo.

- Cultura é sobre o que é realmente valor, demonstrado por meio do que as pessoas fazem ou como se comportam, em vez do que dizem ou falam. Quando o discurso e o exemplo de comportamento não se alinham, é o exemplo de comportamento que molda a cultura.

- Ao trabalhar a cultura, ganha-se uma nova compreensão sobre como as organizações pensam. O *Vivendo a Gestão de Ativos* descreve a cultura como uma epidemia de modelos mentais que infecta uma população inteira. Além disso, permite que as pessoas percebam o mundo em termos de causa e efeito descrito pelo modelo ABC no *Vivendo a Gestão de Ativos*.

- Líderes de uma jornada de mudança de cultura aprenderão tanto a observar como vivenciar o que está acontecendo e perceber:

  - o conjunto de valores inerentes que está impulsionando o que está acontecendo; e

  - como os outros estão interpretando essas ações.

Liderar uma mudança cultural exigirá um conhecimento de como os valores funcionam e como atuam por meio dos comportamentos, símbolos e sistemas de uma organização. Por exemplo, a cultura de uma organização, onde ser agradável uns com os outros é mais importante do que ser honesto, refletirá tal valor, o que implicará na maneira como as avaliações de desempenho são conduzidas.

Embora os valores professados de muitas organizações possam parecer semelhantes, o equilíbrio e o peso que colocam em cada valor individualmente, bem como em muitos valores não explicitados, criam a identidade da organização no mercado. Se o conceito do impacto dessa hierarquia de valores não for bem compreendido, muitos esforços organizacionais para impulsionar novos valores fracassarão. Uma hierarquia de valores em uma organização é obtida por meio das mensagens que as pessoas recebem de comportamentos, símbolos e sistemas atrelados a eles.

Os valores e os comportamentos da liderança são prioridade, porque seus impactos na cultura serão limitados, até que os líderes sejam vistos fazendo o que pregam. É fácil manter um valor em tempos normais. Em tempos de dificuldade, a força do conjunto de valores é testada, tornando-os momentos "da verdade" na vida de um indivíduo e de uma organização. O Capítulo 5 do *Vivendo a Gestão de Ativos* discutiu a função de liderança nas organizações.

Sistemas são diferentes de comportamentos e símbolos porque são o resultado de escolhas históricas. Eles tendem a ficar por último em relação às mudanças de modelos mentais e valores. Os valores de uma organização são herdados dos sistemas que sobrevivem ao longo do tempo. Esses sistemas legados influenciarão tanto o comportamento quanto o modelo mental das pessoas. As relações entre o modelo mental, os símbolos e o comportamento são discutidos no Capítulo 3 do *Vivendo a Gestão de Ativos*.

Quando a mudança na hierarquia de valores é assumida por um número crítico de pessoas em posições de influência e poder ou liderança, provoca uma mudança permanente na cultura.

Os conceitos discutidos acima precisam ser bem compreendidos pelas organizações que embarcam na jornada de melhoria organizacional e maturidade em Gestão de Ativos. Muitas organizações acreditam que, se os sistemas e processos mudarem, o resto se ajusta. Isso pode não ser suficiente, pois os fatores humanos — os Elementos Estruturantes — são os responsáveis por levar ao sucesso ou ao fracasso. Finalmente, combinar a cultura e a autonomia dos indivíduos em diferentes estágios de Maturidade em Gestão de Ativos também impactará o desempenho.

A.2 SISTEMAS ABERTOS

Embora as livrarias especializadas em livros de gestão, tanto físicas quanto virtuais, estejam repletas de livros e ensinamentos sobre liderança e comportamento, sempre houve e, provavelmente, sempre haverá um elemento da teoria da administração que se baseia na ciência da administração, como no trabalho de autores como Russell Ackoff, Peter Senge e Peter Drucker. Esse é o aspecto da gestão que precisa estar adequado para que a organização tenha sucesso. São os aspectos tangíveis do sistema de gestão da organização; e sua existência é muito menos subjetiva do que os outros elementos mais sutis como gestão e liderança.

Margaret Wheatley (*Wheatley*, 2006) aponta que muito do pensamento atual na ciência da administração é baseado na mecânica newtoniana, uma abordagem pautada principalmente no reducionismo. A melhor maneira de entender o todo é dividi-lo em partes menores e entender essas partes individualmente. É como quiséssemos entender o corpo inteiro, entendendo como funcionam o coração e o fígado. O problema com essa abordagem é que faltam dois elementos essenciais. O primeiro é que entender as partes individuais não fornece nenhuma dica de como as partes interagem. O segundo é que, embora os Sistemas de Gestão e os elementos dos Sistemas de Gestão sejam importantes por si mesmos, pouquíssimas organizações operam em um ambiente onde estão isoladas de fatores externos; o contexto no qual a organização existe está mudando o tempo todo.

Em suas publicações, Ackoff e Gharajedaghi afirmam: "Metade das empresas na lista da Fortune 500 há vinte e cinco anos não existe mais" (Ackoff R. L. e Gharajedaghi J., 1996). Histórias corporativas como da Kodak, Xerox e Encyclopaedia Britannica demonstram que a última empresa especializada em carroças provavelmente fabricava as melhores carroças e era a mais eficiente em sua fabricação. O que não seria muito importante se mais ninguém quisesse carroças.

No mundo da Gestão de Ativos, muitas das abordagens da ciência da gestão foram incorporadas nos Requisitos de Sistemas de Gestão de Ativos da ISO 55001. Esta publicação identificou mais de 70 requisitos para um Sistema de Gestão de Ativos, o que foi um avanço significativo para a Gestão de Ativos. Mas ela aborda principalmente requisitos de um sistema fechado.

Para criar uma organização verdadeiramente madura, é necessário operar como um sistema aberto; os líderes devem reconhecer que suas organizações são sistemas sociais ou abertos que representam escolhas do que e como estão planejando alcançar. Além disso, essas organizações existem como partes de sistemas maiores e são constantemente influenciadas por mudanças no sistema social mais amplo em que existem. Essas mudanças podem ter consequências boas ou ruins, por exemplo:

- influência da sustentabilidade e da economia de créditos de carbono na tomada de decisão;

- novos entrantes no mercado, desestabilizando o que seria um mercado estável, a exemplo do que a Uber fez para a indústria de táxis;

- reduções no:

    i. preço do petróleo de US$ 140 a US$ 40 por barril; e

ii. preços do minério de ferro variam de US$ 150 a US$ 53 por tonelada.

Limites, funções e estrutura de um sistema aberto mudam ao longo do tempo e são reconhecidos e descritos de forma diferente por diferentes observadores. Os sistemas abertos acomodam mudanças no propósito, objetivos, ambiente e desempenho para manter as partes interessdas continuamente como responsáveis, enquanto ainda entregam o que elas exigem, mesmo que nenhuma delas tenha um entendimento completo do sistema ou de seus riscos (IEC 62853, 2016).

Barabba (n.d) descreveu estas características como sendo de "uma organização adaptativa baseada no mercado", escolhendo e definindo cuidadosamente as palavras:

- baseada no mercado, para enfatizar o fato de que o relacionamento entre o cliente, a comunidade e a empresa podem ser melhor administrados por um diálogo aberto e contínuo, no qual cada parte aprende com a outra;

- adaptativa para traduzir a aceitação do fato de que a capacidade de prever o futuro foi drasticamente reduzida, exigindo aprender como antecipar a mudança e estar preparado para responder a ela ou, quando possível, fazer com que as consequências da mudança sejam favoráveis; e

- organização foi escolhida porque os limites que separam a empresa de seus clientes, comunidade e concorrentes estão se tornando cada vez menos claros.

A.3 ADAPTANDO-SE AO AMBIENTE

O Capítulo 7 do *Vivendo a Gestão de Ativos* descreve a Maturidade em Gestão de Ativos como a capacidade de uma organização de prever e responder, ou seja, de se adaptar ao seu ambiente por meio da gestão de seus ativos, enquanto continua a atender às necessidades de mudança de suas partes interessadas e do ambiente externo. O conceito de adaptação em biologia para sobreviver e amadurecer está ligado ao conceito de homeostase, que se refere à autorregulação e à capacidade de manter um estado estacionário de equilíbrio. Os organismos vivos buscam manter sua forma independente de como seja o ambiente, enquanto mantêm uma troca contínua com esse ambiente. Essa forma e diferenciação são alcançadas por meio de processos homeostáticos que relacionam e controlam a operação do sistema com base no que agora é um desvio. Assim, quando a temperatura corporal de uma pessoa sobe acima dos limites normais, certas funções corporais operam para tentar neutralizar o aumento, fazendo a pessoa começa a suar e respirar mais frequentemente. Os sistemas sociais também precisam desse processo de controle homeostático se quiserem adquirir uma forma duradoura.

Para que uma organização seja considerada um sistema social, a adaptação deve ocorrer em pelo menos duas camadas:

- adaptação da organização, representada pelo papel de liderança; e

- adaptação em nível das equipes ou grupos de trabalho, por meio de indivíduos que desempenham diferentes papéis e realizam várias funções.

Para ser um sistema aberto, a organização precisa se adaptar às mudanças que foram escolhidas pela administração ou determinadas pelo seu ambiente. Internamente, a organização é concebida para funcionar como um sistema, com um conjunto de subsistemas apropriados. Se for possível se adaptar, mantendo a integridade da organização como um todo, sem mudar o propósito e os limites definidos pela liderança, então a adaptação pode ocorrer no nível dos subsistemas que adequam seus desenhos a uma estrutura mais adequada e madura. Se isso não for possível, a adaptação deve ocorrer em sistemas superiores, seja no comportamento ou no propósito da organização como um todo.

Uma adaptação bem-sucedida requer que o sistema seja capaz de processar as mudanças no ambiente a uma taxa mais rápida do que aquela em que a informação chega.

A.4 CICLO DE VIDA

O ciclo de vida está ligado ao conceito de entropia — Segunda Lei da Termodinâmica. Os sistemas fechados são entrópicos, no sentido de que tendem a se deteriorar e perder energia. Os sistemas abertos, por outro lado, se sustentam importando energia para compensar as tendências entrópicas. Diz-se, portanto, que os sistemas abertos são caracterizados pela entropia negativa (sintropia), ou evolução, ou maturidade.

Se comparássemos a metáfora da máquina com a metáfora dos organismos vivos, teríamos essa situação. As máquinas artificiais são feitas de elementos extremamente confiáveis. Por exemplo, um robô humanoide feito de titânio, com um cérebro processado por microchip hiper-rápido e muitos outros componentes muito confiáveis, quando designado para executar tarefas de rotina, como cozinhar, limpar, cuidar etc., é ainda menos confiável do que um ser humano feito de moléculas de carbono, como veremos no próximo parágrafo. Em outras palavras, a confiabilidade do conjunto é bastante reduzida. Numerosos componentes interdependentes reduzem a confiabilidade das máquinas. Quando privados de um de seus elementos ou energia (alimento), eles se deterioram, param ou fornecem produtos errôneos.

Por outro lado, os organismos vivos são feitos de componentes pouco confiáveis; 99% das células de um ser humano são destruídas por ano, mas o todo é mais confiável do que seus componentes. Nos organismos vivos, a confiabilidade não diminui com o aumento do número de componentes e dos seus inter-relacionamentos ou interdependência; o todo é mais confiável do que as máquinas artificiais. Nos organismos vivos, o todo pode funcionar, apesar da degradação final de certos componentes e a equifinalidade, ou o alinhamento e o compromisso com um propósito comum, é a solução que permite ao organismo vivo realizar seu propósito, ou seu programa, por meios desviados ou alternativos.

Em relação aos organismos vivos, pode-se fazer as seguintes perguntas:

- Como um ser extremamente confiável consiste de elementos extremamente não confiáveis?

- A baixa confiabilidade dos componentes não se torna um obstáculo, mas sim uma condição sólida para a confiabilidade?

Como você pode ver no último exemplo, componentes pouco confiáveis são compensados por uma rede de interdependência e inter-relacionamentos que cria um conjunto muito confiável.

Uma possível resposta a essas questões: o que separa os organismos vivos dos mecânicos não é o caráter artificial da máquina, mas a baixíssima complexidade dos dispositivos tecnológicos dos seus componentes. A complexidade será tratada posteriormente neste capítulo.

A.5 ESTRUTURA, FUNÇÃO, DIFERENCIAÇÃO E INTEGRAÇÃO.

A relação entre esses conceitos é de importância crucial para a compreensão dos organismos vivos. É fácil ver uma organização como uma estrutura de partes e explicar o comportamento do sistema em termos de relações entre partes, causas e efeitos, estímulo e resposta. O *Vivendo a Gestão de Ativos* alertou contra essa redução, enfatizando que estrutura, função, comportamento e todos os outros recursos de operação do sistema estão intimamente ligados.

Embora seja possível prosseguir com o estudo dos organismos por meio do estudo da sua anatomia, um entendimento mais amplo de tais sistemas exige muito mais. Até mesmo a vida de uma simples célula depende de uma complexa teia de relações entre a estrutura celular, o metabolismo, as trocas gasosas, a aquisição de nutrientes e inúmeras outras funções. Do ponto de vista de sistema, uma célula é um sistema de interdependência funcional que não é redutível a uma simples estrutura. Na verdade, sua estrutura, a todo momento, depende do organismo mais complexo a que pertence, que reflete uma diferenciação e especialização crescente de função. Por exemplo, órgãos especializados que desempenham funções específicas que requerem sistemas mais complexos de integração para manter o sistema como um todo por meio da operação de um cérebro ou da função de liderança nas organizações. Relações semelhantes entre estrutura, função, diferenciação e integração também podem ser vistas em sistemas sociais como as organizações.

A.6 VARIEDADE DE REQUISITOS — AUTONOMIA

O princípio da variedade de requisitos — ou autonomia — está relacionado à ideia de diferenciação e integração, que afirma que os mecanismos reguladores internos de um sistema devem ser tão diversos quanto o ambiente com o qual está tentando lidar. Um sistema só pode lidar com a variedade e o desafio apresentado pelo seu ambiente incorporando uma variedade equivalente aos controles internos. Qualquer sistema que se isole da diversidade do ambiente tende a se atrofiar e perder sua complexidade e natureza distintiva. Portanto, em grandes organizações complexas, é importante entender esse conceito e criar um ambiente onde a colaboração ocorra para acomodar a diversidade de pensamento. Sem comprometer o fato de que um indivíduo ainda precisa assumir a responsabilidade pela decisão final. Está provado que decisões tomadas considerando a contribuição amplificada de pessoas de diferentes origens sempre superam as decisões individuais — o que pode ser feito usando o estilo de Liderança Transformacional descrito no Capítulo 5.7 do *Vivendo a Gestão de Ativos*. Assim, a variedade de requisitos é uma característica importante dos sistemas vivos de todos os tipos.

Os processos das organizações baseiam-se não apenas em conjuntos de procedimentos, como meios, mas também em indivíduos autônomos que devem aceitar a responsabilidade por um resultado ou fim. As necessidades das partes interessadas são recebidas por um indivíduo na função de despachante, que direciona a comunicação para um processo adequado, que é a coordenação de equipes acontecendo por meio de um protocolo de compromissos e responsabilidades. Esses protocolos, conforme discutido no Capítulo 5.7 do *Vivendo a Gestão de Ativos*, envolvem um resultado que tem o potencial para impactar a função do sistema.

Um sistema adaptativo requer que renegociações subsequentes de compromissos e responsabilidades sejam apoiadas, com consequências para aqueles compromissos que não forem renegociados com sucesso.

A.7 EQUIFINALIDADE – UNICIDADE DE PROPÓSITO

O princípio da equifinalidade trata do propósito comum ou de valores compartilhados. Esse princípio captura a ideia de que em um sistema aberto pode haver muitas maneiras de chegar a um determinado estado ou resultado. Isso contrasta com os sistemas fechados, em que as relações são fixadas em termos de estrutura para produzir padrões específicos de causa e efeito, ou relações técnicas. Os organismos vivos têm padrões de organização flexíveis que permitem a obtenção de resultados específicos, a partir de diferentes pontos de partida, com diferentes recursos, de maneiras diferentes. A estrutura do sistema em um determinado momento é somente um aspecto ou a manifestação de um processo funcional mais complexo. Ela não determina esse processo.

Nos níveis hierárquicos organizacionais, o propósito deve ser declarado pela liderança, com base nos valores e na cultura das equipes.

A liderança da organização é responsável por definir:

- propósito e limites toleráveis dos comportamentos dentro da organização; e

- um desenho das funções de alto nível da organização que precisam ser supridas com capabilidades modularizadas, para que as necessidades das partes interessadas possam ser despachadas de maneira eficiente e eficaz.

O propósito e os limites, combinados com o desenho organizacional de alto nível, abrangem o contexto no qual os indivíduos têm autonomia para tomar decisões.

A.8 INTERDEPENDÊNCIA

Quais são os estados de maturidade em termos simples? Pessoas que estiveram envolvidas na Gestão de Ativos e na avaliação da maturidade em Gestão de Ativos podem "sentir" que há algo diferente acontecendo nas organizações que são interdependentes, mas o que é esse sentimento? Esta seção descreve, em termos simples, cada um dos estados de maturidade – descreve como uma organização evolui para atuar como uma única unidade coerente, não em função do 'comando e controle' emanado da sua alta administração, mas em função do entendimento compartilhado de meios e fins.

No começo da vida, as operações de organizações menores são relativamente simples. Não há concorrentes, enquanto houver um canal para o mercado; o líder da organização pode supervisionar e gerenciar cada indivíduo nela. Os indivíduos podem receber suas instruções diariamente do líder, capaz de gerir as ações (meios) de toda a organização para atingir os fins.

Os próximos dois níveis são independência e autonomia. Conforme a organização cresce, cada departamento passa a ter um chefe de departamento. Existe certa independência nos departamentos à medida que exercem suas próprias funções dentro da organização maior. Essa independência é impulsionada por uma série de fatores, tais como:

- estilos de gestão dos líderes de departamento;

- clareza e relevância dos objetivos organizacionais para os departamentos individuais;

- tensão natural entre os diversos departamentos — não é necessariamente do interesse do grupo de vendas manter o estoque baixo, mas é do interesse do grupo financeiro; e

- tamanho dos departamentos.

Nos extremos da independência está a competição (doentia) entre os departamentos. Um indivíduo ou departamento não se reconhece como parte do todo e olha apenas para a sua parte, colocando todo o sistema em risco de colapso. Espera-se que o foco no cliente seja mais forte do que o desejo de competir internamente. Assim, embora a organização contenha partes independentes, continua a seguir na mesma direção, pois indivíduos e departamentos estão cientes de que são parte de algo maior e, portanto, podem falar sobre toda a organização, embora os indivíduos possam ocupar cargos de responsabilidade na hierarquia. Isso é autonomia.

A realidade, claro, é que as organizações são sistemas abertos compostos de pessoas que atuam como células vivas, sensíveis, críticas e interativas, que trocam ideias e sugerem soluções; recebem demandas de fora da organização e podem escolher os fins e os meios para alcançá-las; não são engrenagens que se repetem sem pensar. Uma organização interdependente bem-sucedida requer que os indivíduos a ajudem a funcionar como um sistema aberto e vivo. Uma boa gestão da interdependência garante a saúde dos órgãos individuais e da organização. Ela fornece não apenas clareza quanto aos fins e um sistema de gestão apropriado com estrutura, processos, funções e responsabilidades e gerenciamento de desempenho, mas há algo mais. Em uma organização interdependente há uma compreensão compartilhada e uma aceitação da missão da organização, bem como uma compreensão clara do que é necessário coletivamente para cumpri-la. O desejo de cumprir a missão e a compreensão do seu papel e dos outros em realizá-la é maior do que o interesse próprio de qualquer indivíduo ou função.

A.9 EVOLUÇÃO DO SISTEMA

A capacidade de evolução de um sistema depende da habilidade de passar para uma forma mais complexa de diferenciação, integração e maior variedade no sistema, facilitando sua habilidade de lidar com os desafios e as oportunidades colocados pelo ambiente. Trata-se de um processo cíclico de variação, seleção e retenção das características selecionadas, tanto tecnicamente, como ativos, processos e estruturas, quanto socialmente, como liderança, cultura, emoções e comportamentos. A evolução dos sistemas foi capturada pelos estados culturais discutidos nos Capítulos 5 e 6 do *Vivendo a Gestão de Ativos*.

O paradigma biológico foi incrementado pela Teoria da Complexidade (TC). A Teoria da Complexidade é um movimento de base ampla que contém novos princípios sobre um tipo de sistema, conhecido como Sistemas Adaptativos Complexos (SAC). Ao comparar a TC com a Teoria de Sistemas, o desenvolvimento da TC é mais evolucionário do que revolucionário, pois não refuta e é amplamente baseado na Teoria de Sistemas. Assim como a Teoria de Sistemas é conhecida pelos Sistemas Abertos, mas não presumia que todos os sistemas fossem abertos, a TC concentra-se nos SAC, mas não presume que todos os sistemas sejam complexos e adaptativos. Diferentes padrões de sistema foram observados; apenas alguns são caóticos, uma característica da TC, enquanto muitos alcançam um ponto fixo ou estado de equilíbrio cíclico. A TC não nega as descobertas da Teoria de Sistemas, mas as considera limitadas a certos tipos de sistemas.

A complexidade organizacional é definida pelo número de atividades ou subsistemas dentro de uma organização, com as dimensões verticais ou o número de camadas hierárquicas; horizontais ou o número de unidades, departamentos ou divisões; e espacial, o número de localizações geográficas. Essa definição e a linguagem usada dentro dela refletem a estrutura da Teoria de Sistemas e estão mal equipadas para acomodar a TC. Para remediar, os teóricos da complexidade desenvolveram novas frases e terminologias peculiares que, embora bem-intencionadas, podem confundir mais do que esclarecer. Consequentemente, empregamos essa linguagem apenas na medida necessária para ajudar na explicação. Propomos que existem três pilares inter-relacionados da TC: Dinâmica não linear, Teoria do Caos e Adaptação e Evolução. Esses pilares são descritos com mais detalhes nas seções a seguir.

A.9.1 Dinâmica não linear

O conhecimento sobre dinâmica não linear é baseado no trabalho de Prigogine e está associado às estruturas dissipativas na termodinâmica longe do equilíbrio, como sistemas em estados de extrema instabilidade. Estruturas dissipativas, caracterizadas por estados de alta troca de energia com o meio ambiente, exibem uma instabilidade que as leva por múltiplas transições, passando por meio de uma série de pontos, ao invés da tendência ao equilíbrio. Em cada ponto, a estrutura se move para um novo e, geralmente, maior grau de complexidade, que é qualitativa e quantitativamente diferente dos estados anteriores. Sistemas como estruturas dissipativas têm uma qualidade emergente que vem da interação de seus elementos, subsistemas ou agentes, e não somente da interação do sistema com seu ambiente.

Estruturas dissipativas podem reagir desproporcionalmente a uma mudança de ambiente. Um pequeno evento externo pode desencadear uma mudança no caráter fundamental de um sistema; também pode desencadear nenhuma mudança, uma mudança que é proporcional ao evento; ou uma mudança que é menos do que proporcional. O fenômeno da mudança significativa e desproporcional é conhecido como efeito borboleta, no qual a ideia é que uma borboleta no Rio de Janeiro pode mudar o clima em Sydney. Foi notado pela primeira vez no estudo de sistemas meteorológicos e reflete a não linearidade de tais sistemas, devido ao grande grau de inter-relação das suas partes. Consequentemente, as propriedades dos sistemas podem emergir de suas partes, ao invés de serem impostas pelo meio ambiente.

O efeito borboleta ilustra que as condições iniciais possuem características únicas em um sistema não linear. O conceito de dependência de trajetória, surgindo nas ciências sociais, na economia evolutiva e na estratégia indica o papel das contingências históricas que influenciam os estados do sistema.

A.9.2 Teoria do Caos

A Teoria do Caos vem de um ramo da economia. Embora os sistemas caóticos e os sistemas complexos sejam diferentes, uma vez que os complexos são menos mecânicos e mais estáveis e previsíveis, a Teoria do Caos apoia a Teoria da Complexidade (TC), já que ambos lidam com a não linearidade. O caos é fundamental para o processo de adaptação e evolução, descrito com mais detalhes a seguir. Nem todos os sistemas têm igual capacidade de evolução; essa capacidade reflete a mistura de caos e ordem do sistema.

Desordem, ruído e erro são definidos como distúrbios aleatórios que intervêm na informação, na comunicação e, portanto, degradam a mensagem, que se torna errônea. Um dispositivo mecânico não pode tolerá-los. Na melhor das hipóteses, ele pode diagnosticar o erro e parar imediatamente para limitar o curso do distúrbio.

Por outro lado, os organismos vivos toleram uma certa quantidade desses distúrbios. As relações entre indivíduos e grupos não dependem de um ajuste perfeito e de uma complementaridade (ordem) exata, mas também de competições, disputas, antagonismos, conflitos ou fontes de perturbação e desordem. Essas relações são impossíveis nas máquinas, pelo menos, até hoje.

A.9.3 Adaptação e Evolução

Apesar de outras teorias, a visão darwiniana de que a evolução depende da força da seleção natural passou a dominar. A TC desafia essa crença dominante, sugerindo que, embora a seleção natural seja importante, as espécies desempenham um papel em sua evolução e adaptação às mudanças externas. Na linguagem da TC, a Teoria de Sistemas reflete uma capacidade de adaptação por meio da característica emergente de auto-organização, que vem da interdependência de seus indivíduos ou de sistemas e subsistemas.

Nos organismos vivos, há um certo grau de autonomia dos seus componentes e a integração de células e órgãos é frouxa, de modo a tolerar uma margem de incerteza e aleatoriedade ou desordem. Na máquina, entretanto, a integração dos componentes é extremamente precisa e exata. Em relação à Segunda Lei da Termodinâmica, os sistemas mecânicos a sofrem sem remissão ou perdão. Portanto, o sistema mecânico está sempre sofrendo doenças degenerativas e, como o todo é pouco confiável, está se degenerando rapidamente. Todo o sistema mecânico está sujeito à degeneração, bem como a informação ou o programa, que o controla e comanda, está sujeito aos ruídos que acumulam erros e acabam distorcendo a mensagem. No exemplo prático do dia a dia organizacional, os ruídos e os erros se acumulam em modelos mentais ou cultura inadequados que impedem a maturidade organizacional.

O sistema vivo não é degenerativo, pelo menos não temporariamente, porque é capaz de renovar seus constituintes moleculares e celulares que se degradam; certas espécies podem até mesmo regenerar órgãos. Mesmo com a morte, o sistema vivo tem o poder de autorreprodução, podendo gerar um novo autômato. Em termos organizacionais, sistemas de computador inadequados podem ser abandonados em favor de outros mais elaborados e adequados.

O sucesso em um sistema vivo depende de sua própria morte. A desordem, o ruído e o erro também são mortais para um ser vivo, mas são essenciais para sua auto-organização não degenerativa e são elementos fertilizantes de seus elementos geradores. A constante degradação dos componentes moleculares e celulares é a doença que permite a superioridade dos seres vivos sobre a máquina. É uma fonte de constante renovação de vida. Isso não significa somente que a vida alimenta a desordem, mas também que organização do ser vivo é essencialmente um sistema em permanente reorganização.

A solução simples no caso do sistema mecânico é desacelerar o curso fatal da entropia, através da alta confiabilidade de seus componentes. A solução complexa do sistema vivo é aumentar e expandir a desordem e extrair dela a renovação de sua nova ordem. A sociedade humana está em constante autoprodução por meio da morte de seus indivíduos; ela se reorganiza incessantemente por meio de desordens, antagonismos e conflitos que minam sua existência e, ao mesmo tempo, mantém sua vitalidade. Outra forma de colocar esse ponto, é que os sistemas vivos vivem da morte e morrem da vida. Segundo Ilya Prigogine no livro *O Fim das Certezas*, a vida só é possível em um universo fora do equilíbrio.

A.10 PONTOS FORTES E LIMITAÇÕES DA METÁFORA DOS ORGANISMOS VIVOS

Vivendo a Gestão de Ativos convidou o leitor a perceber as organizações como um organismo vivo e terminou com uma revisão de algumas das ideias centrais da teoria organizacional moderna, porque muitos teóricos da organização moderna têm olhado para a natureza para compreender as organizações e a vida organizacional. As ideias identificadas fornecem uma excelente ilustração de como uma metáfora pode abrir nossas mentes para uma forma nova e sistemática de pensar. Explorando os paralelos entre organismos e organizações em termos do funcionamento orgânico, relações com o meio ambiente, relações entre espécies e a ecologia mais ampla, foi possível produzir diferentes teorias e explicações que têm implicações práticas para as organizações, gestão e liderança.

Dados os ricos e variados *insights* gerados, é difícil identificar os pontos fortes e as limitações que se aplicam igualmente a todas as variações da metáfora. No entanto, existem vários pontos comuns importantes.

Um dos principais pontos fortes da metáfora decorre da ênfase colocada na compreensão das relações entre as organizações e seu ambiente. As teorias mecânicas e clássicas ignoraram o papel do ambiente, tratando as organizações como sistemas fechados que poderiam ser projetados como estruturas formadas por partes claramente definidas. Em contraste, as ideias consideradas no *Vivendo a Gestão de Ativos* enfatiza que as organizações são sistemas abertos e são melhor compreendidas como processos contínuos, como cultura, liderança, comportamento e sistemas, em vez de um conjunto de partes. Usar a imagem de um organismo e o intercâmbio com o meio ambiente incentivou uma visão mais aberta e flexível de uma organização. É possível identificar que, desde que os processos-chave estejam funcionando de maneira eficaz, os demais podem estar indo bem.

Isso leva à segunda força da metáfora. A liderança e a gestão das organizações, muitas vezes, podem ser melhoradas por meio de atenção sistemática às necessidades, intenções e expectativas que devem ser satisfeitas, se a organização quiser sobreviver e amadurecer. A metáfora enfatiza a sobrevivência e a maturidade como o objetivo principal ou tarefa primária que qualquer organização enfrenta. Isso contrasta com o foco mecânico em objetivos operacionais específicos. A sobrevivência e a maturidade são processos, ao passo que os objetivos e metas costumam ser etapas ou pontos intermediários a serem alcançados. Essa reorientação dá maior flexibilidade à gestão e à liderança. Se a sobrevivência é vista como a orientação principal, metas específicas são enquadradas por um processo mais básico e duradouro que ajuda a evitar que se tornem fins em si mesmas, o que é um fato comum em muitas organizações. O foco na aquisição e no uso de recursos também ajuda a enfatizar que o processo organizacional é muito mais básico e abrangente do que a tarefa de atingir objetivos específicos.

O foco nas necessidades e expectativas também incentiva a visão das organizações como processos interativos que devem ser equilibrados, tanto internamente quanto em relação ao meio ambiente. Assim, vemos estratégia, estrutura, tecnologia e as dimensões humanas de emoção, comportamento e cultura, e as dimensões gerenciais ou de liderança da organização como subsistemas com necessidades vivas que devem ser satisfeitas de maneira mutuamente aceitável. Caso contrário, o caráter de sistema aberto e a saúde de todo o sistema serão prejudicados. Imagine um sistema sócio-técnico onde os níveis mais elevados das necessidades humanas de Maslow são substituídos pelo tédio e alienação, onde o jogo e a sabotagem frequentemente surgem como meios de ganhar respeito próprio. A interação conflituosa entre os subsistemas, neste caso, provavelmente produzirá uma batalha contínua entre os trabalhadores e os gestores, manifestando-se em alto absenteísmo, acidentes, rotatividade de empregos (se houver disponibilidade no mercado de trabalho), produtos de baixa qualidade, baixa confiabilidade dos ativos e baixa autoimagem organizacional. A abordagem sociotécnica sugere que, ao acomodar e equilibrar intenções, expectativas e as verdadeiras necessidades humanas básicas, a gestão estratégica pode criar um ambiente de trabalho muito mais equilibrado e produtivo.

A terceira vantagem da metáfora é identificar que a organização tem uma gama de opções, ao apontar para diferentes espécies de organização possíveis. As ideias e as pesquisas relativas à organização matricial e outras formas orgânicas baseadas em times mostram como uma organização eficaz depende das circunstâncias ambientais, enfatizando que os gerentes e aqueles envolvidos no desenho da organização sempre têm escolhas e que uma organização eficaz depende da qualidade dessa escolha. Embora aqueles que defendem a perspectiva dos organismos vivos possam adotar uma postura um tanto pessimista de que essa escolha nunca contará muito, porque as forças ambientais, em última análise, têm a vantagem em determinar o destino do desenho final, a visão contingente e contextual oferece uma abordagem mais flexível. Diferente não é errado, é apenas diferente.

A quarta maior força da metáfora é que ela enfatiza as vantagens das formas orgânicas de organização no processo de inovação. Seria um exagero sugerir que as organizações mecanicistas não inovam, mas existe uma certa dose de verdade neste ponto. As ideias aqui exploradas sugerem que, se a inovação é uma prioridade, então a forma matricial, flexível, dinâmica e orientada para o projeto ou as formas mais orgânicas de organização serão superiores às mecanicistas-burocráticas.

Outra força óbvia da metáfora dos organismos vivos reside na sua contribuição para a teoria e prática da cultura e da liderança conforme abordado no *Vivendo a Gestão de Ativos*. A metáfora também tem um grande impacto sobre a teoria e a prática da estratégia corporativa, que em sua maior parte, agora se concentra em alcançar um equilíbrio apropriado entre a organização e o ambiente.

Finalmente, a metáfora está trazendo contribuições importantes ao enfocar a ecologia e as relações interorganizacionais. Os pesquisadores que adotam visões ecológicas reforçaram a ideia de que uma teoria das relações interorganizacionais é necessária se quisermos entender como o mundo das organizações evolui e amadurece. Se os ecologistas organizacionais estiverem corretos, também pode ser necessário criar outras formas de relações interorganizacionais para lidar com o ambiente complexo que as organizações modernas enfrentam hoje.

A.11 PARADIGMA DA CIÊNCIA DO DESENHO — DESIGN SCIENCE

A ciência do desenho surgiu como um paradigma de pesquisa seguindo Herbert Simon, em 1969, que definiu "ciência do desenho como uma doutrina intelectualmente difícil, analítica, parcialmente normalizável, parcialmente empírica e ensinável sobre o processo de desenho". Simon estava preocupado com o fato de que a mudança do ensino para os métodos de ciências naturais, em detrimento do método das ciências do artificial, estava prejudicando as competências profissionais nas áreas de engenharia, medicina, negócios, arquitetura e arte. Ele traçou a distinção entre o papel da ciência natural, ensinando sobre coisas naturais e o papel das escolas profissionais acima, ensinando sobre coisas artificiais, "como desenhar e fabricar artefatos que têm propriedades específicas ".

O desenho se preocupa em criar artefatos para atingir objetivos. Os problemas de desenho são diferentes dos problemas das ciências naturais ou sociais, porque são esquisitos (Rittel & Webber, 1973). Cross (Cross, 2011) detalha as cinco características dos problemas esquisitos do desenho:

- Sua formulação não está definida pela literatura existente.

- Sua formulação fornece tangibilidade das inconsistências nas definições dos próprios problemas.

- Sua formulação depende da solução.

- As soluções são propostas como forma de entender os próprios problemas.

- Não existe uma solução definitiva para os próprios problemas.

Cross (2011) caracteriza ainda os problemas de desenho como aqueles que não podem ser formulados de maneira a se obter diretamente uma solução. O raciocínio indutivo ou dedutivo não pode resolver esses problemas, porque essas lógicas só podem ser aplicadas à atividade avaliativa e analítica. Os problemas da ciência de desenho requerem síntese para produzir a solução e, portanto, requerem um raciocínio abdutivo:

> *"A dedução prova que algo deve ser; a indução mostra que algo realmente está operando; enquanto a abdução apenas sugere que algo pode ser."* (Peirce, 1903, citado em Cross, 1994, p. 29.)

Eekels e Roozenburg (1991) postulam uma comparação esclarecedora das estruturas das ciências naturais e da ciência do desenho. O objetivo da pesquisa em ciências naturais — e o mesmo poderia ser dito da pesquisa em ciências comportamentais — é provocar uma mudança no nível da mente; enquanto o objetivo da ciência do desenho é provocar uma mudança no nível do mundo material externo. Nas ciências naturais ou ciências comportamentais, o problema de inicial é uma discrepância entre o conhecimento disponível e os fatos conhecidos. O objetivo do processo é a adaptação do conhecimento aos fatos. Na ciência do desenho, o problema inicial é uma discrepância entre os fatos conhecidos e as preferências dos profissionais em relação a esses fatos. O objetivo do processo é a adaptação dos fatos às preferências de valor.

A ciência do desenho ainda é um paradigma relativamente imaturo e, como tal, apresenta diferenças na terminologia e na abordagem metodológica encontradas na literatura. No entanto, existem alguns princípios comuns identificados por todos os autores:

- A ciência do desenho preocupa-se com a resolução de problemas.

- A ciência do desenho produz uma solução que é nova e útil.

- A ciência do desenho é iterativa.

- A ciência do desenho é heurística e, ao mesmo tempo, criativa.

- A ciência do desenho é avaliativa.

- A ciência do desenho produz um produto que é a maneira de comunicar a solução.

Por isso, achamos que ainda precisamos conversar e escrever e, depois, conversar um pouco mais ainda sobre maturidade e o que ela significa. Antes de apresentarmos alguns artefatos lógicos e físicos para lidar com a Maturidade em Gestão de Ativos, discutiremos um pouco mais sobre as questões contextuais e conceituais tratadas no *Vivendo a Gestão de Ativos*.

De certa forma, a escrita do *Vivendo a Gestão de Ativos* foi feita sob os princípios da ciência do desenho — *design science*:

- O objetivo do artefato produzido era provocar debate e reflexão, e não uma lista de como fazer as coisas.

- Não havia uma distinção clara entre o problema e a sua de solução.

- Foi iterativo, com muitos esboços sendo apresentados para o grupo antes de virar o manuscrito final.

- A maior parte de seu conteúdo é baseada em heurística, em vez de ciência formal.

- Usa muitas metáforas e histórias pessoais para suscitar sentimentos e emoções.

A intenção dos autores desde o início sempre foi ajudar os leitores a desenvolver suas próprias ferramentas para autoavaliar a Gestão de Ativos e a Maturidade em Gestão de Ativos. Os autores não queriam restringir a Gestão de Ativos apenas ao que era conhecido enquanto escreviam. Em outras palavras, os autores acreditam que a própria Gestão de Ativos ainda estava amadurecendo, então eles queriam criar uma publicação que encorajasse os líderes conscientes a se desafiarem para acelerar o seu próprio aprendizado.

MODELOS DE MATURIDADE EM GESTÃO DE ATIVOS

Os modelos neste capítulo alavancam o pensamento de Maturidade em Gestão de Ativos, permitindo a avaliação da Maturidade.

B.1 AVALIAÇÃO DE MATURIDADE EM GESTÃO DE ATIVOS DA ABRAMAN

O Prêmio Melhores em Gestão de Ativos (MeGA) da ABRAMAN e da Fundação Nacional da Qualidade (FNQ) foi lançado no 33° Congresso Brasileiro de Manutenção e Gestão de Ativos (CBMGA), que ocorreu em Minas Gerais, em 2018, em uma parceria da ABRAMAN com a FNQ.

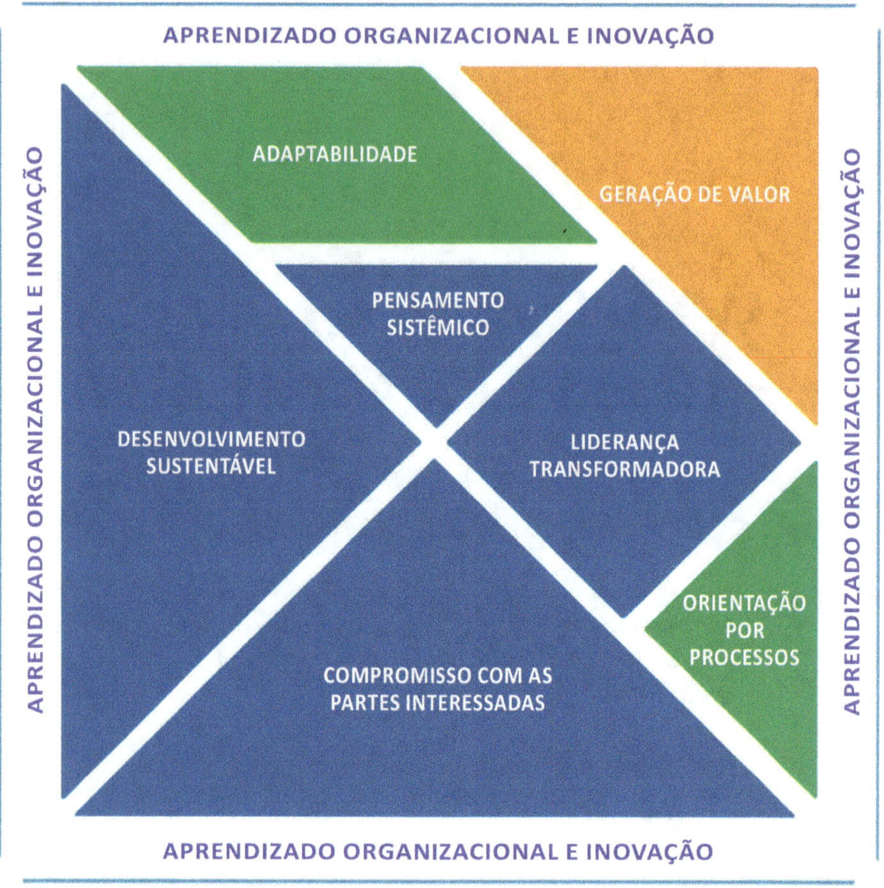

Figura 11-1: Modelo de Excelência de Gestão (MEG) da FNQ (Fundação Nacional de Qualidade).

Ele expressa as mudanças tecnológicas, econômicas e sociais do século XXI. Esses Fundamentos, ou lentes, também pretendem ser os pilares sobre os quais se deve basear a gestão das organizações de classe mundial. Assim, os critérios de avaliação foram concebidos como parâmetros que devem ser utilizados para a concretização da excelência, como itens e requisitos estruturados que permitem a fácil compreensão dos conceitos-chave da excelência em gestão.

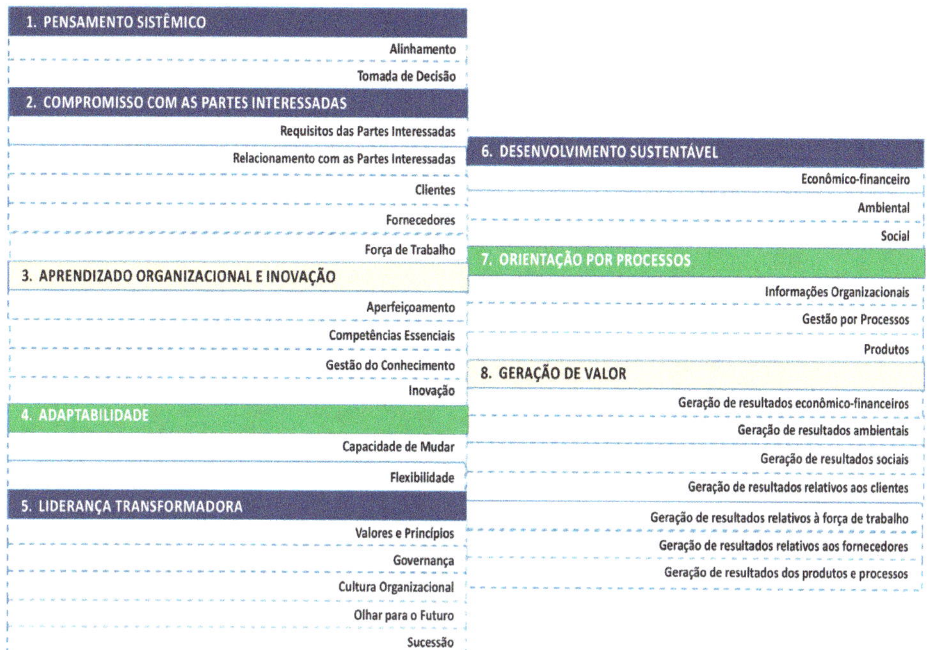

Figura 11-2: Modelo de Excelência da Gestão – 8 Fundamentos e 31 temas (lentes) (Fundação Nacional de Qualidade)

B.2 MODELO DE MATURIDADE EM GESTÃO DE ATIVOS DO AMCOUNCIL DA AUSTRÁLIA

Mais recentemente, o IAM e o AMCouncil da Austrália lançaram seus próprios modelos de maturidade em Gestão de Ativos. O Modelo do AMCouncil busca suplantar os problemas associados às escalas Likert, usando uma abordagem de "nuvens de palavras" e adota as lições aprendidas na área da segurança pela adoção da escala de maturidade de Reason e Hudson (Figura 11-3).

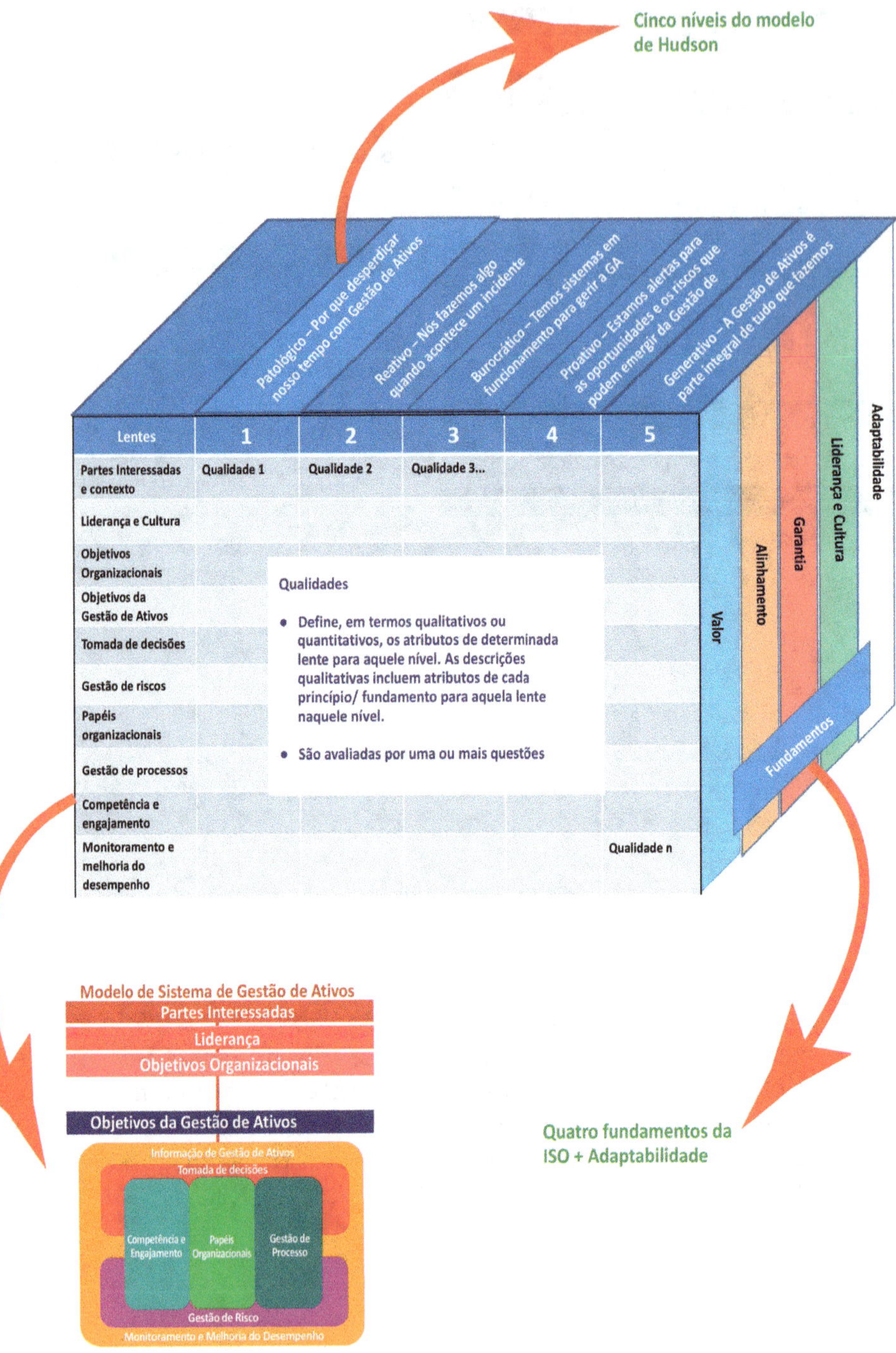

Figura 11-3: Modelo de Maturidade do AMCouncil da Austrália.

O modelo de Maturidade em Gestão de Ativos utiliza os conceitos existentes na maturidade e combina os principais elementos da ISO 55000 e os modelos existentes do AMCouncil para proporcionar uma visão abrangente da Maturidade em Gestão de Ativos. Ele fornece os meios para avaliar a maturidade no contexto da proposta apresentada por Gharajedaghi et al. avaliando:

- Estabilidade por meio da gestão de processos, papéis organizacionais, competência e engajamento, tomada de decisão, gestão de riscos e monitoramento de desempenho e lentes de melhoria do Sistema de Gestão de Ativos; e

- Mudança por meio das lentes de objetivos organizacionais e de Gestão de Ativos do modelo de Sistemas de Gestão Ativos, conforme mostrado na Tabela 11-5.

Tabela 11-4: Um mapeamento entre os elementos organizacionais e os conteúdos do modelo do AMCouncil da Austrália.

Elementos Organizacionais	Modelo do Sistema de Gestão de Ativos do AMCouncil	Elementos do Modelo do Sistema de Gestão de Ativos do AMCouncil
Estruturantes	Modelo do Sistema de Gestão de Ativos do AMCouncil	Cultura
		Liderança
	Modelo Conceitual de Gestão de Ativos do AMCouncil	Fundamentos da Gestão de Ativos
Governança	Modelo do Sistema de Gestão de Ativos do AMCouncil	Objetivos Organizacionais
		Objetivos da Gestão de Ativos
		Monitoramento e melhoria de desempenho (observando que isso engloba todos os elementos estruturados)

Estrutura	Modelo do Sistema de Gestão de Ativos do AMCouncil	Processos
		Papéis Organizacionais
		Competência e Engajamento
		Tomada de decisão
		Gestão de riscos
Ativos	Modelo de Entrega de Capacidade	Gestão de Demanda
		Engenharia de sistemas
		Aquisição
		Operações e manutenção
		Gestão da configuração
		Melhoria contínua

Tabela 11-5: Medida de Maturidade em função do uso do Sistema de Gestão

	Preocupação com a estabilidade (medida pelo desempenho em relação aos outros elementos do Modelo ou Lentes do Sistema de Gestão de Ativos)		
Preocupação com a mudança (medida pelo cumprimento dos Objetivos Organizacionais e de Gestão de Ativos)	Alto	Radical	Maduro
	Baixo	Anarquia	Conservador
		Baixo	Alto

REFERÊNCIAS

ACKOFF, R. L.; GHARAJEDAGHI, J. On The Mismatch Between Systems And Their Models (revision of Russell L. Ackoff, Jamshid Gharajedaghi On The Mismatch Between Systems And Their Models. Systems Research, 1996, Vol. 13, No. 1, p. 13-23.

ACKOFF, R. . Ackoff's Fables: Irreverent Reflections on Business and Bureaucracy. John Wiley & Sons. Nova York, 1981.

Airbus. A Statistical Analysis of Commercial Aviation Accidents 1958-2019. Retrieved from Airbus, published 7 jan 2021 <https://www.airbus.com/content/dam/corporate-topics/publications/safety-first/Statistical- Analysis-of-Comercial-Aviation-Accidents-1958-2019.pdf>.

ARENDT, H., & CANOVAN, M. The Human Condition, 2nd Edition. University of Chicago Press. Chicago, 1998.

Asset Management Council. Framework for Asset Management Council Asset Management Body of Knowledge. Asset Management Council Ltd. Hawthorn, 2015.

Asset Management Council. Asset Management Maturity: A discussion document for Asset Management Maturity. AMCouncil. Melbourne, 2015.

AUSTRALIAN Energy Market Operator. (2019). Quarterly Energy Dynamics. Australian Energy Market Operator. Bach, J. (1994). The Immaturity of CMM.

BARABBA, V. (n.d.). An Appreciation of Russell L. Ackoff Address by General Manager. Corporate Strategy and Knowledge Development, General Motors Corporation. Detroit.

BEEDLES, M. Asset Management for Directors. Australian Institute of Company Directors. Sydney, 2015.

BIRD, F. Mine Safety and Loss Control: A Management Guide. Institute Press. Georgia, 1980.

BOEDKER, C., COGIN, J., LANGFORD, P., MEAGHER, K., MOURITSEN, J., RUNNALLS, et al. . Leadership, Culture and Management Practices of High Performing Workplaces in Australia. Society for Knowledge Economics. Sydney, 2011.

BOSSIDY, L., CHARAN, R., & BURCK, C. Execution: The Discipline of Getting Things Done. Crown Business. New York, 2002.

BOURDIEU, P., THOMPSON, J., RAYMOND, G., & ADAMSON, M. Language and Symbolic Power. Harvard University Press. Cambridge, 1999.

CENTER for Chemical Process Safety. Guidelines for Risk Based Process Safety. American Institute of Chemical Engineers, 2007.

CENTER for Chemical Process Safety. Guidelines for Process Safety Metrics. American Institute of Chemical Engineers, 2010.

CMMI. CMMI® V2.0. Retrieved from ISACA CMMI Performance Solutions, published 31 oct 202, < http://cmmiinstitute. com>.

CMMI Institute. People Maturity Capability Model. Retrieved from ISACA CMMI Performance Solutions, published 31 oct 2020, < http://cmmiinstitute. com/resources/ people-capability-maturity-model-p-cmm>.

CONOCOPILIPS. (2003). Marine Safety Pyramid, 2003.

COVEY, S. The 7 Habits of Highly Effective People. Simon & Schuster, 1989.

COVEY, S. The 8th Habit: From Effectiveness to Greatness. Free Press. New York, 2005

CRIPPS, L., & WALLSGROVE, R. Building an Asset Management Team. Amazon Kindle Edition, 2020.

CROSS, N. Design Thinking Understanding how designers thinks and work. BERG. Oxford, 2011.

CURTIS, B., & ALDEN, J. Maturity Model du Jour: A Recipe for Side Dishes, 2007, < http://www.bptrends.com/ publication-files/10-07-COL-maturitymodeldujour-CurtisAldenfinal.pdf>.

CURTIS, W., & ALDEN, J. A. Popular Misconception about Maturity Models, 2007, < http://www. bptrends.com/publication-files/04-07-COL-BPMandOrganisationalMaturity-CurtisAlden-final. pdf>.

DIXON-CAMPBELL, J. R. P. Uptime: Strategies for Excellence in Maintenance Management. 2nd edition.Productivity Press.

ECO, U. A Theory of Semiotics. Indiana University Press. Bloomington, 1979.

EEKELS, J., & ROOZENBURG, N. F. A methodological comparison of the structures of scientific research and engineering design: their similarities and differences. Design Studies, 1991.

EFQM. Baixe o resumo de modelo da EFQM gratuitamente. Obtido pela EFQM, published 31 oct 2020, < http://www. efqm.org/>.

FIDOCK, J., & TALBOT, S. Assessing Organisational Culture in a Group Context Using the Organizational Culture Profile. Land Operations Division,

Defence Science and Technology Organization. Canberra, 2008.

FLEMING, M. Developing Safety Culture Measurement Tools and Techniques based on site audits rather than questionnaires. St Mary's University. Halifax, 2007.

FOREST, J. J. How to Evaluate Process Safety Culture. Prepared for Presentation at American Institute of Chemical Engineers. Unpublished. San Antonio, 2010.

FOUCAULT, M. Discipline and Punish: The Birth of the Prison. Vintage Books. Nova York, 1995.

GELLER, S. The Psychology of Safety. CRC Press. New York, 1996.

GFMAM. Asset Management Maturity: A Position Statement 1st Edition. Maintenance and Asset Management, 2015.

GHARAJEDAGHI, J. Systems Thinking: Managing Chaos and Complexity: A Platform for Designing Business Architecture. Elsevier Science, 2011.

GILLIGAN, S., & DILTS, R. The Hero's Journey: A Voyage of Self Discovery. Crown House Publishing. Carmarthen, 2009.

GINGER, S., SPARGO, S., COJEAN, S., & EVANS, K. Gestalt Therapy: The Art of Contact. Karnac Books. Londres, 2007.

GITKINS, R. Word to the Arrogant. The Age, published 6 sept 2017.

Gladwell, M. The Tipping Point: How Little Things Can Make a Big Difference. Back Bay Books. Nova York, 2002.

GOLEMAN, D. Emotional Intelligence. Bantam. Books New York, 1995.

HANRAHAN, P. Directors' Counsel: Culture and Criminality. Company Director, 2019.

HANSEN, L. Safety Management: A call for Revolution. Professional Safety, 1993, 38(30)), p. 16-21.

HARDWICK, J., & LAFRAIA, J. Living Asset Management. Engineers Australia. Sydney, 2013.

HAYDEN, B. GPS Asset Management Maturity. Gladstone, 2015.

HAYDEN, B., & WINDSOR, C. The Importance of Leading Management Support in Driving Asset Management Culture and System Change. ICOMS Asset Management Conference. Asset Management Council. Melbourne, 2012.

HUMPHREY, W. S. (1988). Characterizing the Software Process: A Maturity Framework. IEEE Software, 73-79. IAM. (2016). The Institute of Asset Management. Asset Management Maturity Scale and Guidance Version 1.1. Londres: The Institute of Asset Management.

IEC 62853. Open Systems Dependability. International Electrotechnical Commission. Geneva, 2016.

INCOSE. Systems Engineering Handbook. A guide for system lifecycle processes and activities. International Council on Systems Engineering. Seattle, 2007.

Infrastructure Australia. (2019). Infrastructure Australia Audit. http://www. infrastructureaustralia.gov.au/ policypublications/publications/files/Australian Infr ISO 15504. (2012). Information Technology – Process Assessment. Geneva: International Standards Organisation.

ISO 15704. Enterprise Modelling and Architecture – Requirements for enterprise-referencing architectures and methodologies. International Standards Organization. Geneva, 2019.

ISO 15704 Annex. GERAM, Generalised Enterprise Reference Architecture and Methodology. International Standards Organization. Geneva, 1999.

ISO. (28 de Março de 2021).Management system standards. Retrieved from International Standards Organization2021, < https://www.iso.org/management-system-standards.html

ISO 55000. Asset Management – Overview, Principles and Terminology. International Standards Organisation. Geneva, 2014.

ISO 55001. Asset management – Management systems – Requirements. International Standards Organization. Geneva, 2014.

JACOBSON, R. Leading for a Change: How to master the 5 challenges faced by every leader. Butterworth-Heinemann Publishers. Boston, 2000.

Japan Quality Award Council. Top message. Retrieved from Japan Quality Award Councilpublished 31 oct 2020, <https://www.jqac.com/en/index.asp>.

KATZENBACH, J. R., & SMITH, D. K. The Discipline of Teams: A Mindbook-Workbook for Delivering Small Group Performance. Wiley. New York, 2001.

Keil Centre. (Safety Culture Maturity® Model (SCMM). Retrieved from Safety Maturity approachespublished 3 oct 2020, < http://www.keilcentre.co.uk/products-services/safe-people/safety-culture/safety-culture- maturity-model/>.

KENNON, N. H. Who really matters? A stakeholder analysis tool. Extension Farming Systems Journal, 9-17. KOTTER, J. (1996). Leading Change. Harvard University Press. Cambridge, 1996.

LAFRAIA, J. Estratégica e Confiabilidade (Strategic Management and Reliability). Qualitymark Editora. Rio de Janeiro, 2002.

LAFRAIA, J. Liderança para SMS (Leadership for HandSE). Qualitymark. Rio de Janeiro, 2011.

MALANDRO, L. Fearless Leadership: How to Overcome Behavioural Blindspots and Transform Your Organization. McGraw-Hill. Nova York, 2009.

MIGUELS, C., LAFRAIA, J., & COSTA, G. Criando o Hábito da Excelência (Creating the Habit of Excellence). Qualitymark Editora. Rio de Janeiro, 2007.

MOUBRAY, J. Reliability Centred Maintenance II. Industrial Press. Nova York, 1997.

NIST. Malcolm Baldrige National Quality Award. Retrieved from NIST, published 31 oct 2020, < http://www.nist.gov/baldrige/>.

NOWLAN, S., & HEAP, H. Reliability Centered Maintenance. National Technical Information Service. Springfield, 1978.

PALUS, C., & HORTH, M. Three Stages of Wisdom: Dependence, Independence and Interdependence. Center for Creative Leadership, published 8 jan 2012.

PARKER, D., LAWRIE, M., & HUDSON, P. . A framework for understanding the development of organisational safety culture. Safety Science.astructure-Audit-Executive-Summary.pdf: Infrastructure Australia, 2006. 44(6).

PIAGT, J. The Moral Judgment of the Child. Free Press. Nova York, 1997.

PÖPPELBUSS, J., & Röglinger, M. What Makes a Useful Maturity Model? A Framework of General Design Principles for Maturity Models and its Demonstration in Business Process. ECIS 2011 Proceedings, 2011, p. 28.

PRATLETT, J. Leading with the Brain in Mind. Sydney, 2017.

REASON, J. (1990). Human Error. Cambridge: Cambridge University Press. Reason, J. (1997). Managing the Risks of Organisational Accidents. Ashgate.

REIMAN, T., & OEDEWALD, P. Measuring maintenance culture and maintenance core task with CULTURE-questionnaire--a case study in the power industry, 2004.

REZVANI, S. An Introduction to Organizational Maturity Assessment: Measuring Organizational Capabilities. Retrieved from International Personnel Assessment Council, 8 jun 2008.

RITTEL, H., & WEBBER, M. Dilemmas in a general theory of planning. Policy Sciences, 1973. p. 155-169.

ROCK, D. Your Brain at Work: Strategies for Overcoming Distraction, Regaining Focus, and Working Smarter All Day Long. Harper Business. Nova York, 2009.

Safety Institute of Australia Ltd. The Organization. In S. I. Ltd, The Occupational Health and Safety Body of Knowledge. Safety Institute of Australia Ltd. Tullamarine, 2012.

THE ABERDEEN Group. The Asset Management Benchmarking Report: Moving Toward Zero Downtime, 2006.

UNIVERSITY of Manchester. Manchester Patient Safety Framework (MaPSaF) Acute. National Health Service. Reino Unido, 2006.

UNIVERSITY of Manchester. Self-reflecting on our safety culture. National Health Service, Reino Unido, 2006.

WATER Services Association of Australia. Asset & Asset Performance Data. Retrieved from WSAA Member Portal, acessed 31 oct 2020, <https://www.wsaa.asn.au/sites/default/files/publication/downloadpdf>.

WEIK, K., & SUTCLIFFE, K. Managing the Unexpected. Jossey-Bass. San Francisco, 2007.

WHEATELY, M. Leadership and the New Science Discovering Order in a Chaotic World. Penguin Books, 2006.

WILSON, J. Q. Bureaucracy: What Government Agencies Do and Why They Do It. Basic Books. Nova York, 1989.

ZANINI, M., MIGUELES, C., & LAFRAIA, J.. Liderança Baseada em Valores (Values-Centered Leadership). Editora Campus. Rio de Janeiro, 2010.

SOBRE O *LIVING ASSET MANAGEMENT THINK TANK INC.*

O *Living Asset Management Think Tank Inc.* é um grupo de profissionais apaixonados por Gestão de Ativos, com base internacional, que acredita firmemente no valor que a Gestão de Ativos como uma disciplina pode fornecer às organizações que usam ativos de forma intensiva.

O *Think Tank* fornece um fórum onde novas ideias e conceitos que aumentam esse valor são discutidos, levando a melhores resultados organizacionais e sociais de longo prazo – para organizações e indivíduos em todo o mundo.

O *Think Tank* reconhece que a liderança inovadora nesta disciplina não é limitada pela geografia ou formação profissional e, portanto, incentiva a participação de qualquer pessoa com uma paixão semelhante.

Sua opinião é importante.
Para mais informações:

✉ jrlafraia07@gmail.com

in linkedin.com/in/joaolafraia

🌐 https://livingassetmanagement.com.au

Esta obra foi composta na fonte
Bookman Old Style, corpo 11.
Rio de Janeiro, Brasil.
Inverno de 2022.